〔清〕福隆安　等纂

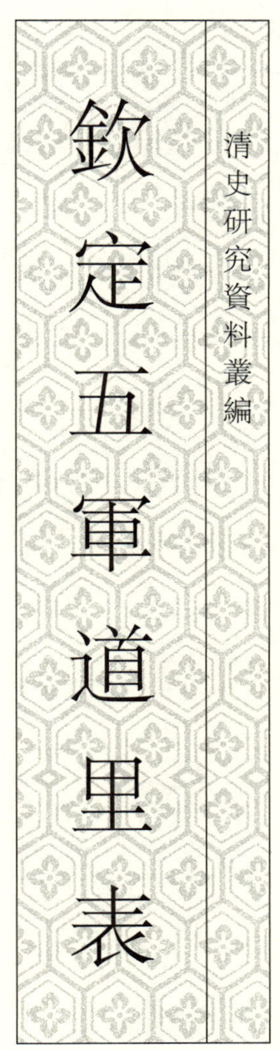

清史研究資料叢編

欽定五軍道里表

3

中華書局

第三册目録

欽定五軍道里表十八卷（之三：卷十至十三）

〔清〕福隆安 等纂

欽定五軍道里表十八卷

（之三：卷十至十三）

清乾隆四十四年（一七七九）武英殿刻本

欽定五軍道里表卷之十

山西

太原府屬軍犯編發附近近邊地方

附近

東至安徽鳳陽府

靈璧縣

鳳陽縣

又至潁州府

蒙城縣

近邊

東至江蘇揚州府

儀徵縣

江都縣

甘泉縣

又至江寧府

又至泗州
又至江蘇徐州府
銅山縣
又至山東萊州府
濰　縣
昌邑縣
南至湖北襄陽府
宜城縣
穀城縣
光化縣
又至安陸府

六合縣
又至鎮江府
丹徒縣
又至安徽廬州府
舒城縣
又至山東登州府
蓬萊縣
棲霞縣
南至湖北武昌府
咸寧縣
又至漢陽府

荆門州
又至德安府
應山縣
安陸縣
雲夢縣
西至陜西延安府
甘泉縣北外東南西俱
北 膚施縣停止編發
又至鳳翔府
又[illegible]州[illegible]
又至鄜州[illegible]

漢川縣
又至黃州府
黃岡縣
蘄水縣
又至荆州府
公安縣
又至宜昌府外東南西俱二千五
北 東湖縣不足二千五百里
西至陜西延安府
靖邊縣
又至甘肅鞏昌府

又至甘肅涇州
又至平涼府
又平涼縣府
北至直隸停止編發
以上除北外東南西俱
西至二千里西安府
長安縣
安陸縣
應山縣
又至德安府
隨州

又伏羌縣鞏昌府
寧遠縣
西會寧縣西安府
北至撫邊不足二千五百里
又以上除北外東南西俱二千五
百里縣
又至蘄州府
蘄水縣
黃岡縣
又至黃州府
廣川縣

太原府屬軍犯編發邊遠極邊地方

邊遠

東至江蘇蘇州府
吳江縣
震澤縣
長洲縣
元和縣
吳縣
又至浙江嘉興府
嘉興縣

極邊

東至浙江台州府
黃巖縣
寧海縣
又至温州府
樂清縣
南至江西吉安府
萬安縣
又至贛州府

秀水縣
南至湖南長沙府
湘陰縣
益陽縣
西至甘肅蘭州府
皋蘭縣
又至凉州府
平番縣
又至階州
北至抵邊不足三千里
以上除北外東南西俱

贛縣
西至甘肅甘州府
張掖縣
又至肅州
高臺縣
北至抵邊不足四千里
以上除北外東南西俱四千里

三千里

太原府屬軍犯編發烟瘴地方

烟瘴

廣西桂林府

全　州

貴州平越府

黄平州

平越縣

又至都匀府

清平縣

平定州屬軍犯編發附近近邊地方

附近

東至安徽鳳陽府

鳳陽縣

定遠縣

又至潁州府

阜陽縣

又至泗州

又至江蘇徐州府

宿遷縣

近邊

東至江蘇揚州府

高郵州

寶應縣

江都縣

甘泉縣

泰州

又至鎮江府

丹徒縣

銅山縣
睢寧縣
南至湖北襄陽府
襄陽縣
宜城縣
又至德安府
應山縣
安陸縣
西至陝西鄜州
中部縣
洛川縣

丹陽縣
又至安徽安慶府
桐城縣
南至湖北武昌府
江夏縣
咸寧縣
又至荆州府
江陵縣
公安縣
又至漢陽府
漢川縣

宜君縣
又至鳳翔府
扶風縣
岐山縣
鳳翔縣
汧陽縣
又至乾州
永壽縣
又至邠州
長武縣
北至抵邊不足一千里

又至黃州府
黃岡縣
又至宜昌府
東湖縣
西至甘肅慶陽府
環　縣
又至平凉府
固原州
隆德縣
靜寧州
又至秦州

以上除北外東南西俱二千里

北至抵邊不足二千五百里

以上除北外東南西俱二千五百里

平定州屬軍犯編發邊遠極邊地方

邊遠

東至浙江嘉興府

嘉興縣

秀水縣

石門縣

南至湖南岳州府

巴陵縣

又至常德府

龍陽縣

極邊

東至浙江台州府

太平縣

又至温州府

樂清縣

南至江西贛州府

贛縣

又至湖南永州府

零陵縣

又至長沙府
盐陽縣
又至灃州
永定縣
西至甘肅蘭州府
渭源縣
狄道州
金縣
臯蘭縣
又至階州
成縣

西至甘肅甘州府
山丹縣
又至西寧府
大通縣
北至抵邊不足四千里
以上除北外東南西俱四千里

北至抵邊不足三千里

以上除北外東南西俱三千里

平定州屬軍犯編發烟瘴地方

烟瘴

廣西桂林府

全　州

貴州平越府

黄平州

又至都匀府

清平縣

[illegible]

安定[illegible]

[illegible]

慶[illegible]平[illegible]

全[illegible]

寶[illegible]

[illegible]

平涼[illegible]

忻州屬軍犯編發附近近邊地方

附近

東至安徽鳳陽府
宿州
靈璧縣
又至山東青州府
益都縣
昌樂縣
又至萊州府
濰縣

近邊

東至安徽滁州
又至廬州府
合肥縣
又至江蘇江寧府
六合縣
又至淮安府
桃源縣
清河縣

南至湖北襄陽府
襄陽縣
宜城縣
又至德安府
應山縣
西至陝西鄜州
洛川縣
又至鳳翔府
鳳翔縣
汧陽縣
隴州

山陽縣
南至湖北漢陽府
漢陽縣
漢川縣
又至武昌府
江夏縣
咸寧縣
又至荆州府
江陵縣
公安縣
又至黃州府

又至邠州
長武縣
又至甘肅涇州
北至抵邊不足二千里
以上除北外東南西俱
二千里

黃岡縣
又至安陸府
當陽縣
又至宜昌府
東湖縣
西至甘肅慶陽府
環縣
又至平凉府
固原州
靜寧州
又至鞏昌府

伏羌縣
又至秦州
禮　縣
又至陝西延安府
保安縣
北至抵邊不足二千五百里
以上除北外東南西俱二千五
百里

忻州屬軍犯編發邊遠極邊地方

邊遠

東至江蘇常州府

又無錫縣附郭

金匱縣

又至蘇州府附郭

長洲縣

元和縣

又吳縣

吳江縣

極邊

東至浙江台州府

天台縣

又臨海縣附郭

寧海縣

又至寧波府附郭

奉化縣

又至金華府

又永康縣

震澤縣
又至安徽安慶府
太湖縣
宿松縣
南至湖南岳州府
巴陵縣
又至常德府
武陵縣
龍陽縣
又至澧州
安福縣

南至江西吉安府
泰和縣
萬安縣
又至湖南永州府
零陵縣
西至甘肅甘州府
山丹縣
張掖縣
北至抵邊不足四千里
以上除北外東南西俱四千里

永定縣

西至甘肅蘭州府

狄道州

皋蘭縣

金　縣

又至階州

北至抵邊不足三千里

以上除北外東南西俱

三千里

忻州屬軍犯編發烟瘴地方

烟瘴

廣西桂林府

全州

貴州平越府

黄平州

[illegible]

代州屬軍犯編發附近近邊地方

附近

東至河南歸德府
夏邑縣
永城縣
又至山東濟南府
鄒平縣
長山縣
又至青州府
臨淄縣

近邊

東至安徽鳳陽府
定遠縣
又至滁州
又至潁州府
阜陽縣
又至江蘇徐州府
睢寧縣
宿遷縣

南至河南南陽府
南陽縣
南召縣
新野縣
又至汝寧府
信陽州
西至陝西西安府
同官縣
又至鄜州
宜君縣
中部縣

又至山東萊州府
掖縣
南至湖北漢陽府
孝感縣
黃陂縣
又至安陸府
荆門州
又至荆州府
江陵縣
又至襄陽府
均州

又至鳳翔府
扶風縣
岐山縣
又至乾州
武功縣
永壽縣
又至邠州
北至抵邊不足二千里
以上除北外東南西俱
二千里

西至甘肅慶陽府
環　縣
又至平凉府
平凉縣
固原州
隆德縣
又至秦州
清水縣
又至陝西延安府
膚施縣
安塞縣

北至抵邊不足二千五百里

以上除北外東南西俱二千五百里

代州屬軍犯編發邊遠極邊地方

邊遠

東至江蘇鎮江府

丹陽縣

又至常州府

武進縣

陽湖縣

又至揚州府

高郵州

寶應縣

極邊

東至浙江紹興府

嵊縣

新昌縣

餘姚縣

又至寧波府

慈谿縣

又至嚴州府

建德縣

泰州
南至湖北武昌府
蒲圻縣
又至黃州府
廣濟縣
蘄州
又至湖南岳州府
巴陵縣
又至澧州
石門縣
慈利縣

又至金華府
蘭谿縣
金華縣
南至江西臨江府
峽江縣
又至吉安府
吉水縣
廬陵縣
又至湖南永州府
祁陽縣
西至甘肅涼州府

安肅縣
西至甘肅鞏昌府
隴西縣
安定縣
又至蘭州府
渭源縣
金　縣
又至階州
成　縣
北至抵邊不足三千里
以上除北外東南西俱

山西

永昌縣
又至甘州府
山丹縣
又至西寧府
大通縣
北至抵邊不足四千里
以上除北外東南西俱四千里

三千里

代州屬軍犯編發烟瘴地方

烟瘴

廣西桂林府

全州

貴州思州府

玉屏縣

青溪縣

保德州屬軍犯編發附近近邊地方

附近

東至河南歸德府
寧陵縣
商邱縣
虞城縣
又至山東濟南府
歷城縣
章邱縣
南至河南南陽府

近邊

東至安徽鳳陽府
靈璧縣
鳳陽縣
又至潁州府
蒙城縣
又至泗州
又至江蘇徐州府
銅山縣

裕　州
又至汝寧府
西平縣
遂平縣
確山縣
西至甘肅平凉府
固原州
隆德縣
北至抵邊不足二千里
以上除北外東南西俱
二千里

又至山東萊州府
濰　縣
昌邑縣
南至湖北德安府
應山縣
安陸縣
雲夢縣
又至襄陽府
穀城縣
光化縣
宜城縣

西至甘肅鞏昌府

安定縣

又至蘭州府

金　縣

北至抵邊不足二千五百里

以上除北外東南西俱二千五

百里

保德州屬軍犯編發邊遠極邊地方

邊遠

東至江蘇江寧府

六合縣

又至揚州府

儀徵縣

江都縣

甘泉縣

又至鎮江府

丹徒縣

極邊

東至浙江杭州府

富陽縣

海寧州

又至嚴州府

桐廬縣

又至紹興府

山陰縣

會稽縣

又至安徽廬州府

舒城縣

南至湖北武昌府

咸寧縣

蒲圻縣

又至黄州府

蘄水縣

又至漢陽府

漢川縣

又至安陸府

天門縣

南至湖南衡州府

衡山縣

衡陽縣

清泉縣

西至甘肅肅州

高臺縣

北至抵邊不足四千里

以上除北外東南西俱四千里

又至荆州府
公安縣
西至甘肅凉州府
平番縣
古浪縣
又至蘭州府
河州
北至抵邊不足三千里
以上除北外東南西俱
三千里

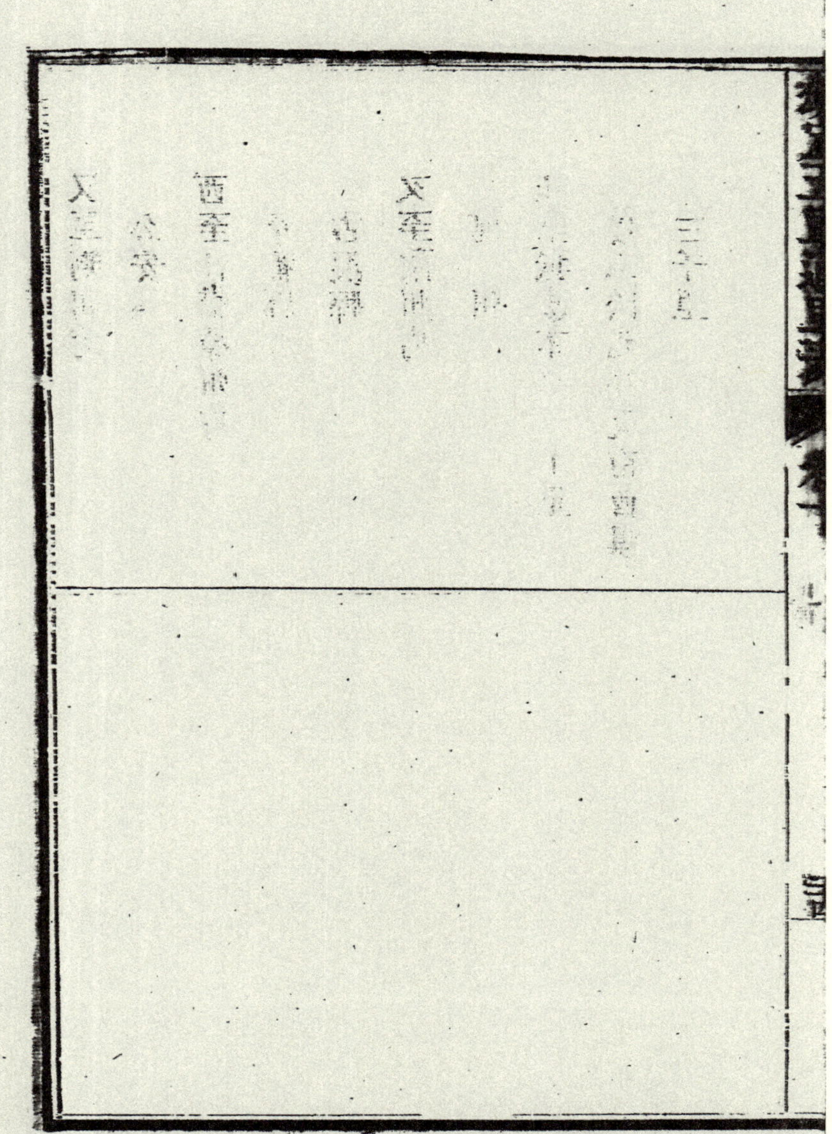

保德州屬軍犯編發烟瘴地方

烟瘴

貴州思州府

玉屏縣

青溪縣

平陽府屬軍犯編發附近近邊地方

附近

東至山東青州府

昌樂縣

又益都縣

又至萊州府

又濰縣

又至沂州府

蒙陰縣

沂水縣

近邊

東至山東登州府

又蓬萊縣

黃縣

又至萊州府

又即墨縣

南至湖南岳州府

巴陵縣

又至澧州

南至湖北漢陽府
漢陽縣
黃陂縣
又至武昌府
江夏縣
又至黃州府
黃岡縣
東至荊州府
江陵縣
西至甘肅鞏昌府
會寧縣

永定縣
安福縣
慈利縣
又至常德府
武陵縣
龍陽縣
又至湖北黃州府
蘄州
西至甘肅凉州府
平番縣
北至抵邊不足三千五百里

安定縣

寧遠縣

隴西縣

北至抵邊不足二千里

以上除北外東南西俱

二千里

以上除北外東南西俱二千五

百里

二十里

西上南水中東南[illegible]

[illegible]

平陽府屬軍犯編發邊遠極邊地方

邊遠

東至抵海不足三千里

南至湖南長沙府

長沙縣

善化縣

湘潭縣

醴陵縣

西至甘肅涼州府

武威縣

極邊

東至抵海不足四千里

南至廣西桂林府

興安縣

靈川縣

西至甘肅安西州

玉門縣

北至抵邊不足四千里

以上除東北外南西俱四千里

永昌縣

又至西寧府

大通縣

北至抵邊不足三千里

以上除東北外南西俱

三千里

平陽府屬軍犯編發烟瘴地方

烟瘴

廣西桂林府

臨桂縣

永福縣

貴州貴陽府

龍里縣

貴筑縣

又至安順府

清鎮縣

欽定五軍道里表

安平縣

解州屬軍犯編發附近近邊地方

附近

東至山東青州府
臨淄縣
益都縣
昌樂縣
又至泰安府
新泰縣
又至沂州府
蒙陰縣

近邊

東至山東萊州府
掖縣
平度州
又至登州府
黃縣
蓬萊縣
南至湖南岳州府
巴陵縣

南至湖北武昌府
江夏縣
咸寧縣
又至黃州府
黃岡縣
又至漢陽府
漢陽縣
漢川縣
又至荆州府
江陵縣
公安縣

華容縣
又至常德府
武陵縣
龍陽縣
西至甘肅凉州府
古浪縣
武威縣
又至蘭州府
河州
又至西寧府
西寧縣

西至甘肅蘭州府

皋蘭縣

狄道州

又至凉州府

平番縣

又至階州

北至抵邊不足二千里

以上除北外東南西俱二千里

欽定王會圖說 卷一 山西 三

北至抵邊不足二千五百里

以上除北外東南西俱二千五百里

解州屬軍犯編發邊遠極邊地方

邊遠

東至抵海不足三千里

南至湖南長沙府

醴陵縣

攸縣

湘潭縣

又至衡州府

衡山縣

西至甘肅甘州府

極邊

東至抵海不足四千里

南至江西南安府

南康縣

大庾縣

又至廣東南雄府

保昌縣

始興縣

西至甘肅安西州

張掖縣

山丹縣

又至肅州

高臺縣

北至抵邊不足三千里

以上除東北外南西俱

三千里

北至抵邊不足四千里

以上除東北外南西俱四千里

解州屬軍犯編發烟瘴地方

烟瘴

廣西桂林府

臨桂縣

永福縣

又至柳州府

雒容縣

貴州安順府

安平縣

普定縣

鎮寧州

[illegible]

絳州屬軍犯編發附近近邊地方

附近

東至山東青州府

昌樂縣

安邱縣

又至萊州府

濰縣

昌邑縣

又至沂州府

沂水縣

近邊

東至山東登州府

蓬萊縣

棲霞縣

又至萊州府

即墨縣

南至湖北武昌府

蒲圻縣

又至黃州府

莒　州

南至湖北漢陽府

黄陂縣

漢陽縣

又至襄陽府

均　州

又至安陸府

荆門州

西至甘肅蘭州府

金　縣

渭源縣

廣濟縣

蘄　州

又至湖南岳州府

巴陵縣

武陵縣

又至常德府

西至甘肅凉州府

古浪縣

又至階州

文　縣

北至抵邊不足二千五百里

狄道州

又至階州

成　縣

北至抵邊不足二千里

以上除北外東南西俱

二千里

以上除北外東南西俱二千五

百里

絳州屬軍犯編發邊遠極邊地方

邊遠

東至抵海不足三千里

南至湖南長沙府

長沙縣

善化縣

湘潭縣

西至甘肅甘州府

山丹縣

北至抵邊不足三千里

極邊

東至抵海不足四千里

南至江西贛州府

贛縣

又至南安府

南康縣

西至甘肅安西州

玉門縣

北至抵邊不足四千里

以上除東北外南西俱三千里

以上除東北外南西俱四千里

絳州屬軍犯編發烟瘴地方

烟瘴

廣西桂林府

興安縣

靈川縣

臨桂縣

貴州思州府

青溪縣

又至平越府

黃平州

又至都匀府

清平縣

隰州屬軍犯編發附近近邊地方

附近

東至山東濟南府
鄒平縣
長山縣
又至青州府
臨淄縣
又至泰安府
新泰縣
又至沂州府

近邊

東至山東萊州府
掖縣
平度州
又至登州府
黃縣
又至沂州府
日照縣
南至湖北武昌府

又蒙陰縣
南至湖北德安府
又安陸縣
雲夢縣
又至襄陽府
穀城縣
光化縣
東至宜城縣
西至甘肅平凉府
隆德縣
靜寧州

咸寧縣
蒲圻縣
又至荆州府
公安縣
又至黄州府
蘄水縣
又至宜昌府
東湖縣
又至湖南澧州
西至甘肅蘭州府
狄道州

固原州
又至秦州
秦安縣
又至鞏昌府
伏羌縣
又至陝西延安府
保安縣
北至抵邊不足二千里
以上除北外東南西俱
二千里

北至抵邊不足二千五百里
以上除北外東南西俱二千五
百里

三千里

[illegible]土爾扈特[illegible]

[illegible]

[illegible]

[illegible]

[illegible]

[illegible]

[illegible]

[illegible]

[illegible]

[illegible]

隰州屬軍犯編發邊遠極邊地方

邊遠

東至抵海不足三千里

南至湖南長沙府

湘陰縣

益陽縣

寧鄉縣

西至甘肅凉州府

古浪縣

又至蘭州府

極邊

東至抵海不足四千里

南至湖南永州府

零陵縣

又至廣西桂林府

全州

西至甘肅肅州

北至抵邊不足四千里

以上除東北外南西俱四千里

河州

又至西寧府

碾伯縣

北至抵邊不足三千里

以上除東北外南西俱

三千里

隰州屬軍犯編發烟瘴地方

烟瘴

廣西桂林府

興安縣

靈川縣

貴州都匀府

清平縣

又至平越府

平越縣

大同府屬軍犯編發附近近邊地方

附近

東至山東青州府

臨淄縣

益都縣

昌樂縣

又至萊州府

濰縣

南至河南許州

襄城縣

近邊

東至山東登州府

黃縣

蓬萊縣

又至萊州府

平度州

即墨縣

南至湖北襄陽府

襄陽縣

臨顈縣
郾城縣
又至南陽府
葉　縣
又至汝寧府
西平縣
西至陜西西安府
渭南縣
臨潼縣
咸寧縣
長安縣

宜城縣
又至德安府
應山縣
西至陜西鳳翔府
鳳翔縣
汧陽縣
隴　州
又至鄜州
洛川縣
又至邠州
長武縣

高陵縣
三原縣
又至同州府
華州
北至抵邊不足二千里
以上除北外東南西俱
二千里

又至甘肅涇州
北至抵邊不足二千五百里
以上除北外東南西俱二千五
百里

大同府屬軍犯編發邊遠極邊地方

邊遠

東至抵海不足三千里

南至湖北漢陽府

黃陂縣

漢陽縣

漢川縣

又至武昌府

江夏縣

咸寧縣

極邊

東至抵海不足四千里

南至江西南康府

安義縣

又至南昌府

奉新縣

又至瑞州府

高安縣

又至湖南長沙府

又至黃州府

黃岡縣

又至荆州府

江陵縣

西至甘肅平凉府

隆德縣

靜寧州

又至鞏昌府

會寧縣

伏羌縣

又至秦州

湘潭縣

西至甘肅凉州府

古浪縣

武威縣

又至蘭州府

河　州

又至西寧府

碾伯縣

北至抵邊不足四千里

以上除東北外南西俱四千里

禮　縣

又至陜西延安府

保安縣

北至抵邊不足三千里

以上除東北外南西俱

三千里

大同府屬軍犯編發烟瘴地方

烟瘴

廣東南雄府

保昌縣

廣西桂林府

全州

潞安府屬軍犯編發附近近邊地方

附近

東至山東萊州府

膠州

卽墨縣

平度州

又至登州府

黃縣

蓬萊縣

又至江蘇江寧府

近邊

東至江蘇常州府

無錫縣

金匱縣

又至蘇州府

長洲縣

元和縣

吳縣

吳江縣

六合縣
又至揚州府
儀徵縣
又至鎮江府
丹徒縣
南至湖北宜昌府
東湖縣
又至荊州府
公安縣
又至武昌府
咸寧縣

震澤縣
南至湖南岳州府
巴陵縣
又至長沙府
湘陰縣
益陽縣
西至甘肅鞏昌府
會寧縣
安定縣
隴西縣
又至寧夏府

西至陝西延安府
膚施縣
安塞縣
又至甘肅平涼府
平凉縣
隆德縣
又至秦州
清水縣
北至抵邊不足二千里
以上除北外東南西俱
二千里

靈　州
又至蘭州府
渭源縣
又至階州
成　縣
北至抵邊不足二千五百里
以上除北外東南西俱二千五
百里

欽定五軍道里表　卷十

潞安府屬軍犯編發邊遠極邊地方

邊遠

東至浙江紹興府

山陰縣

會稽縣

南至湖南衡州府

衡陽縣

清泉縣

衡山縣

西至甘肅階州

極邊

東至浙江溫州府

永嘉縣

瑞安縣

平陽縣

南至江西南安府

大庾縣

又至廣東南雄府

保昌縣

文縣
又至蘭州府
皋蘭縣
又至凉州府
平番縣
北至抵邊不足三千里
以上除北外東南西俱
三千里

始興縣
西至甘肅肅州
高臺縣
又至甘州府
張掖縣
北至抵邊不足四千里
以上除北外東南西俱四千里

潞安府屬軍犯編發烟瘴地方

烟瘴

廣西平樂府

平樂縣

又至桂林府

陽朔縣

貴州安順府

鎮寧州

普定縣

永寧州

汾州府屬軍犯編發附近近邊地方

附近

東至山東青州府
諸城縣
又至沂州府
莒州
沂水縣
又至安徽鳳陽府
靈璧縣
南至湖北襄陽府

近邊

東至江蘇揚州府
高郵州
儀徵縣
甘泉縣
江都縣
又至江寧府
六合縣
又至鎮江府

襄陽縣
宜城縣
穀城縣
又至德安府
應山縣
安陸縣
西至甘肅平凉府
固原州
隆德縣
靜寧州
又至秦州

丹徒縣
又至安徽廬州府
合肥縣
舒城縣
南至湖北武昌府
江夏縣
咸寧縣
又至漢陽府
漢川縣
又至黃州府
黃岡縣

清水縣
又至陝西延安府
保安縣
北至抵邊不足二千里
以上除北外東南西俱
二千里

蘄水縣
又至荆州府
江陵縣
公安縣
西至甘肅蘭州府
渭源縣
狄道州
金　縣
臯蘭縣
又至階州
成縣

北至抵邊不足二千五百里

以上除北外東南西俱二千五百里

汾州府屬軍犯編發邊遠極邊地方

邊遠

東至安徽安慶府

宿松縣

又至湖北黃州府

黃梅縣

又至江蘇蘇州府

又長洲縣

元和縣

吳縣

極邊

東至浙江寧波府

鎮海縣

又至台州府

臨海縣

黃巖縣

又寧海縣

南至江西吉安府

吉水縣

吳江縣

震澤縣

又至浙江嘉興府

嘉興縣

秀水縣

南至湖南岳州府

巴陵縣

又至長沙府

湘陰縣

益陽縣

又至常德府

廬陵縣

泰和縣

又至湖南永州府

零陵縣

西至甘肅肅州

高臺縣

北至抵邊不足四千里

以上除北外東南西俱四千里

龍陽縣

西至甘肅蘭州府

河　州

又至西寧府

碾伯縣

又至階州

文　縣

北至抵邊不足三千里

以上除北外東南西俱

三千里

汾州府屬軍犯編發烟瘴地方

烟瘴

貴州思州府

玉屏縣

青溪縣

廣西桂林府

全　州

興安縣

朔平府屬軍犯編發附近近邊地方

附近

東至直隸停止編發

南至河南開封府

禹州

又至許州

襄城縣

臨潁縣

郾城縣

又至南陽府

近邊

東至抵海不足二千五百里

南至河南汝寧府

信陽州

又至南陽府

新野縣

又至湖北德安府

應山縣

又至襄陽府

葉縣
西至陝西同州府
華陰縣
華州
又至西安府
渭南縣
北至直隸停止編發
以上除東北外南西俱
二千里

襄陽縣
西至陝西乾州
永壽縣
又至邠州
長武縣
又至鳳翔府
扶風縣
岐山縣
鳳翔縣
汧陽縣
又至鄜州

宜君縣
中部縣
洛川縣
北至抵邊不足二千五百里
以上除東北外南西俱二千五百里

朔平府屬軍犯編發邊遠極邊地方

邊遠

東至抵海不足三千里

南至湖北漢陽府

黃陂縣

漢陽縣

又至武昌府

江夏縣

又至襄陽府

均州

極邊

東至抵海不足四千里

南至湖南長沙府

長沙縣

善化縣

湘潭縣

醴陵縣

西至甘肅西寧府

碾伯縣

又至荆州府

江陵縣

西至甘肅秦州

清水縣

又至平涼府

隆德縣

靜寧州

北至抵邊不足三千里

以上除東北外南西俱三千里

又至凉州府

古浪縣

又至階州

文縣

北至抵邊不足四千里

以上除東北外南西俱四千里

朔平府屬軍犯編發烟瘴地方

烟瘴

廣東甫雄府
保昌縣
廣西桂林府
全州
興安縣
靈川縣
臨桂縣
陽朔縣

寧武府屬軍犯編發附近近邊地方

附近

東至山東濟南府
章邱縣
鄒平縣
長山縣
又至泰安府
泰安縣
又至河南歸德府
虞城縣

近邊

東至山東萊州府
昌邑縣
掖　縣
又至青州府
諸城縣
又至安徽鳳陽府
鳳陽縣
定遠縣

夏邑縣
永城縣
南至河南南陽府
南陽縣
南召縣
唐縣
裕州
又至汝寧府
確山縣
西至陝西邠州
淳化縣

南至湖北安陸府
荆門州
又至襄陽府
光化縣
西至甘肅平凉府
平凉縣
隆德縣
又至秦州
清水縣
北至抵邊不足二千五百里
以上除北外東南西俱二千五

三水縣
又至鳳翔府
扶風縣
又至乾州
武功縣
永壽縣
又至甘肅慶陽府
正寧縣
北至陝西西安府
同官縣
又至鄜州

百里

宜君縣

以上俱二千里

寧武府屬軍犯編發邊遠極邊地方

邊遠

東至山東登州府

萊陽縣

海陽縣

棲霞縣

又至江蘇鎮江府

丹徒縣

丹陽縣

又至常州府

極邊

東至浙江紹興府

嵊　縣

新昌縣

上虞縣

餘姚縣

又至嚴州府

建德縣

又至金華府

武進縣
陽湖縣
南至湖北武昌府
蒲圻縣
又至黃州府
廣濟縣
蘄州
又至湖南澧州
西至甘肅鞏昌府
會寧縣
安定縣

蘭谿縣
又至寧波府
慈谿縣
南至湖南衡州府
衡陽縣
清泉縣
西至甘肅甘州府
山丹縣
又至凉州府
永昌縣
又至西寧府

西和縣
寧遠縣
隴西縣
又至蘭州府
渭源縣
又至階州
成　縣
北至抵邊不足三千里
以上除北外東南西俱
三千里

大通縣
北至抵邊不足四千里
以上除北外東南西俱四千里

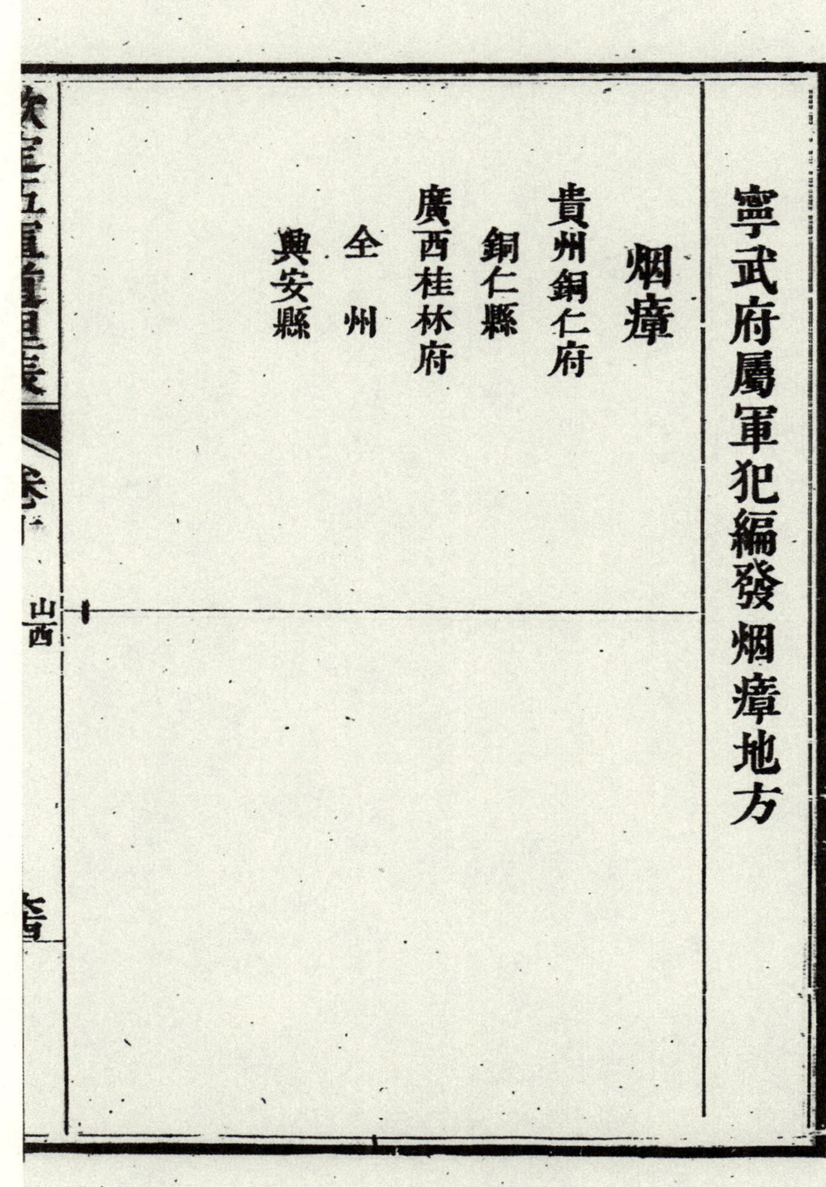

寧武府屬軍犯編發烟瘴地方

烟瘴

貴州銅仁府

銅仁縣

廣西桂林府

全州

興安縣

澤州府屬軍犯編發附近近邊地方

附近

東至安徽安慶府

桐城縣

潛山縣

太湖縣

又至江西九江府

德化縣

南至湖北武昌府

蒲圻縣

近邊

東至浙江嘉興府

石門縣

又至杭州府

仁和縣

錢塘縣

南至湖南長沙府

長沙縣

善化縣

又至安陸府
潛江縣
又至荆州府
江陵縣
又至黄州府
廣濟縣
蘄　州
又至湖南澧州
又至常德府
武陵縣
西至陝西延安府

湘潭縣
西至甘肅寧夏府
靈　州
寧夏縣
又至蘭州府
皋蘭縣
又至階州
北至抵邊不足二千五百里
以上除北外東南西俱二千五
百里

保安縣

靖邊縣

又至甘肅平凉府

靜寧州

又至鞏昌府

伏羌縣

又至秦州

禮　縣

北至抵邊不足二千里

以上除北外東南西俱

二千里

澤州府屬軍犯編發邊遠極邊地方

邊遠	極邊
東至浙江嚴州府	東至浙江温州府
建德縣	瑞安縣
又至金華府	平陽縣
蘭谿縣	南至廣東南雄府
金華縣	始興縣
永康縣	又至韶州府
又至紹興府	曲江縣
餘姚縣	西至甘肅肅州

又至寧波府

慈谿縣

鄞　縣

南至湖南衡州府

衡陽縣

清泉縣

常寧縣

西至甘肅階州

文　縣

又至涼州府

平番縣

又至安西州

玉門縣

北至抵邊不足四千里

以上除北外東南西俱四千里

古浪縣

北至抵邊不足三千里

以上除北外東南西俱

三千里

澤州府屬軍犯編發烟瘴地方

烟瘴

貴州南籠府

安南縣

普安縣

蒲州府屬軍犯編發附近近邊地方

附近

東至山東濟南府

鄒平縣

長山縣

又至青州府

臨淄縣

又至泰安府

新泰縣

南至湖北襄陽府

近邊

東至山東青州府

諸城縣

又至萊州府

膠州

掖縣

平度州

南至湖南常德府

武陵縣

均　州
又至安陸府
荆門州
西至甘肅蘭州府
皐蘭縣
北至陜西榆林府
神木縣
以上俱二千里

桃源縣
又至澧州
慈利縣
安福縣
永定縣
西至甘肅西寧府
西寧縣
碾伯縣
又至凉州府
武威縣
北至抵邊不足二千五百里

以上除北外東南西俱二千五百里

蒲州府屬軍犯編發邊遠極邊地方

邊遠

東至山東登州府

萊陽縣

棲霞縣

南至湖南辰州府

沅陵縣

辰谿縣

又至長沙府

長沙縣

極邊

東至抵海不足四千里

南至廣西桂林府

興安縣

靈川縣

西至甘肅安西州

敦煌縣

北至抵邊不足四千里

以上除東北外南西俱四千里

善化縣

湘潭縣

西至甘肅甘州府

山丹縣

張掖縣

北至抵邊不足三千里

以上除北外東南西俱

三千里

蒲州府屬軍犯編發烟瘴地方

烟瘴

貴州貴陽府

貴筑縣

龍里縣

又至安順府

清鎮縣

安平縣

廣西平樂府

平樂縣

又至桂林府
陽朔縣

遼州屬軍犯編發附近近邊地方

附近

東至山東濟南府

鄒平縣

長山縣

章邱縣

又至青州府

臨淄縣

又至泰安府

泰安縣

近邊

東至江蘇鎮江府

丹陽縣

又至常州府

武進縣

陽湖縣

無錫縣

金匱縣

又至揚州府

新泰縣	泰州
又至安徽鳳陽府	又至通州
定遠縣	如皋縣
又至廬州府	南至湖北黃州府
合肥縣	蘄州
又至滁州	廣濟縣
南至湖北襄陽府	又至湖南岳州府
均州	巴陵縣
又至安陸府	又至澧州
荊門州	石門縣
當陽縣	慈利縣

又至漢陽府
黃陂縣
漢陽縣
又至武昌府
江夏縣
西至陝西邠州
長武縣
又至鳳翔府
汧陽縣
隴州
又至鞏昌府

安福縣
永定縣
西至甘肅秦州
禮縣
又至鞏昌府
西和縣
伏羌縣
寧遠縣
又至陝西延安府
靖邊縣
北至抵邊不足二千五百里

又至甘泉縣

又至鄜州

洛川縣

又至甘肅涇州

北至抵邊不足二千里

以上除北外東南西俱

二千里

以上除北外東南西俱二千五

百里

遼州屬軍犯編發邊遠極邊地方

邊遠

東至浙江嘉興府
石門縣
又至杭州府
仁和縣
錢塘縣
南至湖南澧州
安鄉縣
又至長沙府

極邊

東至浙江寧波府
奉化縣
鄞縣
南至湖南沅州府
麻陽縣
又至辰州府
辰谿縣
西至甘肅甘州府

長沙縣
善化縣
寧鄉縣
湘潭縣
西至甘肅蘭州府
金縣
皐蘭縣
又至階州
北至抵邊不足三千里
以上除北外東南西俱
三千里

張掖縣
山丹縣
北至抵邊不足四千里、
以上除北外東南西俱四千里

遼州屬軍犯編發烟瘴地方

烟瘴

廣東南雄府

保昌縣

廣西桂林府

興安縣

靈川縣

臨桂縣

永福縣

沁州屬軍犯編發附近近邊地方

附近

東至山東登州府

黃　縣

蓬萊縣

又至萊州府

膠　州

平度州

卽墨縣

又至江蘇江寧府

近邊

東至江蘇通州

如皋縣

又至常州府

無錫縣

金匱縣

又至蘇州府

長洲縣

元和縣

六合縣
又至安徽滁州
南至湖北荆州府
江陵縣
又至襄陽府
均州
又至安陸府
當陽縣
又至宜昌府
東湖縣
又至漢陽府

吳縣
南至湖南岳州府
巴陵縣
又至常德府
武陵縣
桃源縣
西至陝西延安府
靖邊縣
又至甘肅鞏昌府
伏羌縣
寧遠縣

漢陽縣
又至武昌府
江夏縣
西至陝西鄜州
洛川縣
又至延安府
甘泉縣
又至鳳翔府
隴　州
又至甘肅平涼府
平涼縣

西和縣
又至秦州
禮　縣
北至抵邊不足二千五百里
以上除北外東南西俱二千五
百里

又至涇州

北至抵邊不足二千里

以上除北外東南西俱

二千里

沁州屬軍犯編發邊遠極邊地方

邊遠

東至浙江杭州府

仁和縣

錢塘縣

海寧州

又至紹興府

蕭山縣

山陰縣

會稽縣

極邊

東至浙江溫州府

永嘉縣

瑞安縣

平陽縣

南至貴州貴陽府

龍里縣

貴筑縣

西至甘肅甘州府

南至湖南長沙府
長沙縣
善化縣
醴陵縣
湘潭縣
西至甘肅蘭州府
皐蘭縣
又至階州
北至抵邊不足三千里
以上除北外東南西俱
三千里

山丹縣
張掖縣
北至抵邊不足四千里
以上除北外東南西俱四千里

沁州屬軍犯編發烟瘴地方

烟瘴

廣西桂林府

臨桂縣

永福縣

貴州安順府

安平縣

清鎮縣

霍州屬軍犯編發附近近邊地方

附近

東至山東青州府
臨淄縣
益都縣
昌樂縣
又至泰安府
新泰縣
又至沂州府
蒙陰縣

近邊

東至山東登州府
黃縣
蓬萊縣
又至萊州府
膠州
平度州
即墨縣
南至湖北武昌府

南至湖北德安府
雲夢縣
又至漢陽府
孝感縣
黃陂縣
又至襄陽府
光化縣
均州
又至安陸府
荊門州
西至甘肅鞏昌府

蒲圻縣
又至黃州府
廣濟縣
蘄州
又至湖南澧州
西至甘肅涼州府
平番縣
又至階州
北至抵邊不足二千五百里
以上除北外東南西俱二千五百里

會寧縣

西和縣

伏羌縣

寧遠縣

又至秦州

禮　縣

又至陝西延安府

靖邊縣

北至抵邊不足二千里

以上除北外東南西俱

二千里

霍州屬軍犯編發邊遠極邊地方

邊遠

東至抵海不足三千里
南至湖南長沙府
湘陰縣
寧鄉縣
長沙縣
善化縣
西至甘肅凉州府
武威縣

極邊

東至抵海不足四千里
南至江西贛州府
贛　縣
又至南安府
南康縣
西至甘肅安西州
玉門縣
北至抵邊不足四千里

又至西寧府

碾伯縣

西寧縣

北至抵邊不足三千里

以上除東北外南西俱

三千里

以上除東北外南西俱四千里

霍州屬軍犯編發烟瘴地方

烟瘴

廣西桂林府

興安縣

靈川縣

貴州平越府

平越縣

又至貴陽府

貴定縣

龍里縣

欽定五軍道里表卷之十一

河南

開封府屬軍犯編發附近近邊地方

附近	近邊
東至浙江杭州府	東至浙江寧波府
仁和縣	慈谿縣
錢塘縣	鄞縣
海寧州	又至紹興府
又至嘉興府	餘姚縣

石門縣
南至湖南長沙府
湘陰縣
長沙縣
善化縣
西至甘肅平涼府
華亭縣
隆德縣
静寧州
又至陝西延安府
延長縣

嵊縣
新昌縣
又至台州府
天台縣
又至金華府
蘭谿縣
又至衢州府
龍游縣
南至湖南衡州府
衡陽縣
清泉縣

延川縣

北至直隸停止編發

以上除北外東南西俱

二千里

衡山縣

西至甘肅鞏昌府

安定縣

又至蘭州府

金　縣

北至抵邊不足二千五百里

以上除北外東南西俱二千五

百里

開封府屬軍犯編發邊遠極邊地方

邊遠

東至浙江温州府

樂清縣

永嘉縣

瑞安縣

又至福建建寧府

浦城縣

南至廣西桂林府

全州

極邊

東至福建福州府

羅源縣

侯官縣

閩縣

連江縣

又至福寧府

寧德縣

南至廣東廣州府

興安縣

西至甘肅凉州府

古浪縣

平番縣

北至抵邊不足三千里

以上除北外東南西俱

三千里

清遠縣

西至甘肅肅州

高臺縣

北至抵邊不足四千里

以上除北外東南西俱四千里

開封府屬軍犯編發烟瘴地方

烟瘴

廣西思恩府

賓　州

貴州南籠府

普安州

雲南曲靖府

平彝縣

南寧縣

霑益州

陳州府屬軍犯編發附近近邊地方

附近

東至浙江紹興府

山陰縣

會稽縣

上虞縣

又至杭州府

富陽縣

又至嚴州府

桐廬縣

近邊

東至浙江台州府

臨海縣

黃巖縣

又至衢州府

西安縣

江山縣

南至湖南永州府

祁陽縣

南至湖南長沙府
長沙縣
善化縣
西至甘肅涇州
又至陝西延安府
甘泉縣
又至鄜州
北至直隸停止編發
以上除北外東南西俱
二千里

又至衡州府
常寧縣
西至甘肅鞏昌府
會寧縣
又至陝西綏德州
清澗縣
北至直隸停止編發
以上除北外東南西俱二千五
百里

陳州府屬軍犯編發邊遠極邊地方

邊遠

東至浙江温州府

泰順縣

又至福建建寧府

建陽縣

南至廣西桂林府

興安縣

靈川縣

臨桂縣

極邊

東至福建福州府

羅源縣

又至福寧府

寧德縣

南至廣西南寧府

宣化縣

西至甘肅甘州府

張掖縣

西至甘肅蘭州府

皐蘭縣

北至直隸停止編發

以上除北外東南西俱

三千里

北至直隸停止編發

以上除北外東南西俱四千里

陳州府屬軍犯編發烟瘴地方

烟瘴

雲南曲靖府

平彝縣

霑益州

許州屬軍犯編發附近近邊地方

附近

東至浙江嘉興府

石門縣

南至湖南長沙府

長沙縣

善化縣

湘潭縣

西至甘肅平涼府

隆德縣

近邊

東至浙江紹興府

餘姚縣

嵊縣

新昌縣

又至寧波府

慈谿縣

鄞縣

又至嚴州府

又至陜西延安府

延長縣

北至直隸停止編發

以上除北外東南西俱

三千里

建德縣

又至金華府

蘭谿縣

南至湖南永州府

祁陽縣

又至衡州府

常寧縣

西至甘肅鞏昌府

安定縣

又至蘭州府

金縣

北至直隸停止編發

以上除北外東南西俱二千五百里

許州屬軍犯編發邊遠極邊地方

邊遠

東至浙江温州府

樂清縣

永嘉縣

又至福建建寧府

浦城縣

南至廣西桂林府

靈川縣

臨桂縣

極邊

東至福建福州府

閩清縣

侯官縣

閩　縣

南至廣東廣州府

三水縣

西至甘肅肅州

高臺縣

西至甘肅涼州府

平番縣

北至直隸停止編發

以上除北外東南西俱

三千里

北至直隸停止編發

以上除北外東南西俱四千里

許州屬軍犯編發烟瘴地方

烟瘴

雲南曲靖府

馬龍州

廣西南寧府

宣化縣

[illegible]

歸德府屬軍犯編發附近近邊地方

附近

東至浙江紹興府

山陰縣

會稽縣

上虞縣

餘姚縣

嵊縣

南至浙江嚴州府

桐廬縣

近邊

東至浙江處州府

縉雲縣

麗水縣

南至浙江衢州府

江山縣

西至甘肅鞏昌府

會寧縣

又至陝西綏德州

建德縣
西至陝西鳳翔府
寶雞縣
又至延安府
甘泉縣
又至鄜州
又至甘肅涇州
北至順天停止編發
以上除北外東南西俱
二千里

清澗縣
北至直隸停止編發
以上除北外東南西俱二千五
百里

歸德府屬軍犯編發邊遠極邊地方

邊遠

東至浙江温州府
永嘉縣
泰順縣
南至福建建寧府
建陽縣
建安縣
甌寧縣
西至甘肅涼州府

極邊

東至抵海不足四千里
南至廣東廣州府
清遠縣
三水縣
西至甘肅甘州府
張掖縣
北至抵邊不足四千里
以上除東北外南西俱四千里

平番縣

又至蘭州府

皋蘭縣

北至抵邊不足三千里

以上除北外東南西俱

三千里

歸德府屬軍犯編發烟瘴地方

烟瘴

廣東惠州府

博羅縣

歸善縣

貴州安順府

永寧州

又至南籠府

安南縣

普安縣

彰德府屬軍犯編發附近近邊地方

附近

東至山東登州府
榮成縣
又至江蘇常州府
無錫縣
金匱縣
又至蘇州府
長洲縣
元和縣

近邊

東至浙江杭州府
仁和縣
錢塘縣
富陽縣
又至紹興府
蕭山縣
山陰縣
會稽縣

吳縣
吳江縣
震澤縣
南至湖北武昌府
蒲圻縣
又至荊州府
公安縣
又至湖南澧州
西至陝西鄜州
又至延安府
甘泉縣

南至湖南長沙府
湘陰縣
長沙縣
善化縣
西至甘肅鞏昌府
會寧縣
安定縣
又至陝西綏德州
北至抵邊不足二千五百里
以上除北外東南西俱二千五
百里

膚施縣

又至甘肅平凉府

平凉縣

北至直隸停止編發

以上除北外東南西俱

二千里

彰德府屬軍犯編發邊遠極邊地方

邊遠

東至浙江金華府

蘭谿縣

金華縣

永康縣

又至衢州府

龍游縣

西安縣

江山縣

極邊

東至福建延平府

南平縣

順昌縣

將樂縣

又至福州府

古田縣

南至廣東韶州府

曲江縣

南至湖南衡州府

衡陽縣

清泉縣

常寧縣

又至永州府

祁陽縣

西至甘肅涼州府

平番縣

北至抵邊不足三千里

以上除北外東南西俱

三千里

西至甘肅肅州

高臺縣

北至抵邊不足四千里

以上除北外東南西俱四千里

彰德府屬軍犯編發烟瘴地方

烟瘴

廣西柳州府

馬平縣

來賓縣

貴州安順府

永寧州

又至南籠府

安南縣

衛輝府屬軍犯編發附近近邊地方

附近	近邊
東至山東登州府	東至浙江嚴州府
萊陽縣	桐廬縣
海陽縣	建德縣
又至浙江嘉興府	又至紹興府
嘉興縣	上虞縣
秀水縣	餘姚縣
南至湖南岳州府	南至湖南長沙府
巴陵縣	湘潭縣

西至陝西延安府
膚施縣
延長縣
延川縣
又至甘肅平凉府
隆德縣
靜寧州
北至直隸停止編發
以上除北外東南西俱
二千里

又至衡州府
衡山縣
西至甘肅蘭州府
金縣
北至抵邊不足二千五百里
以上除北外東南西俱二千五
百里

衛輝府屬軍犯編發邊遠極邊地方

邊遠

東至浙江衢州府
江山縣
又至福建建寧府
浦城縣
南至湖南永州府
祁陽縣
零陵縣
又至廣西桂林府

極邊

東至福建福州府
古田縣
閩清縣
南至廣西思恩府
遷江縣
賓州
又至柳州府
來賓縣

全州

西至甘肅凉州府

平番縣

古浪縣

北至抵邊不足三千里

以上除北外東南西俱三千里

西至甘肅肅州

高臺縣

北至抵邊不足四千里

以上除北外東南西俱四千里

衛輝府屬軍犯編發烟瘴地方

烟瘴

貴州南籠府

普安縣

普安州

廣東韶州府

英德縣

懷慶府屬軍犯編發附近近邊地方

附近

東至山東登州府

黄　縣

蓬萊縣

福山縣

又至江蘇常州府

武進縣

陽湖縣

又至蘇州府

近邊

東至浙江紹興府

蕭山縣

山陰縣

會稽縣

又至杭州府

仁和縣

錢塘縣

富陽縣

長洲縣　南至湖南長沙府
元和縣　湘潭縣
吳　縣　又至衡州府
南至湖北荆州府　衡山縣
江陵縣　西至甘肅凉州府
公安縣　平番縣
又至湖南岳州府　北至抵邊不足二千五百里
巴陵縣　以上除北外東南西俱二千五
西至陝西綏德州　百里
清澗縣
又至甘肅鞏昌府

會寧縣

北至抵邊不足二千里

以上除北外東南西俱

二千里

二十四里

四十[illegible]里[illegible]

至莊浪縣[illegible]十五里

會寧縣

懷慶府屬軍犯編發邊遠極邊地方

邊遠

東至浙江寧波府

鄞縣

鎮海縣

又至衢州府

龍游縣

西安縣

南至湖南永州府

祁陽縣

極邊

東至福建延平府

南平縣

又至福州府

古田縣

南至廣東韶州府

曲江縣

西至甘肅肅州

北至抵邊不足四千里

零陵縣

西至甘肅涼州府

武威縣

永昌縣

北至抵邊不足三千里

以上除北外東南西俱

三千里

以上除北外東南西俱四千里

懷慶府屬軍犯編發烟瘴地方

烟瘴

廣西柳州府

來賓縣

又至思恩府

遷江縣

欽定五軍道里表
卷十一
三五

河南府屬軍犯編發附近近邊地方

附近

東至江蘇通州

如臯縣

又至常州府

武進縣

陽湖縣

無錫縣

金匱縣

又至蘇州府

近邊

東至浙江杭州府

仁和縣

錢塘縣

海寧州

又至紹興府

蕭山縣

南至湖南長沙府

湘潭縣

長洲縣
元和縣
吳　縣
南至湖南岳州府
巴陵縣
臨湘縣
西至甘肅鞏昌府
會寧縣
安定縣
北至抵邊不足二千里
以上除北外東南西俱

長沙縣
善化縣
西至甘肅涼州府
平番縣
北至抵邊不足二千五百里
以上除北外東南西俱二千五
百里

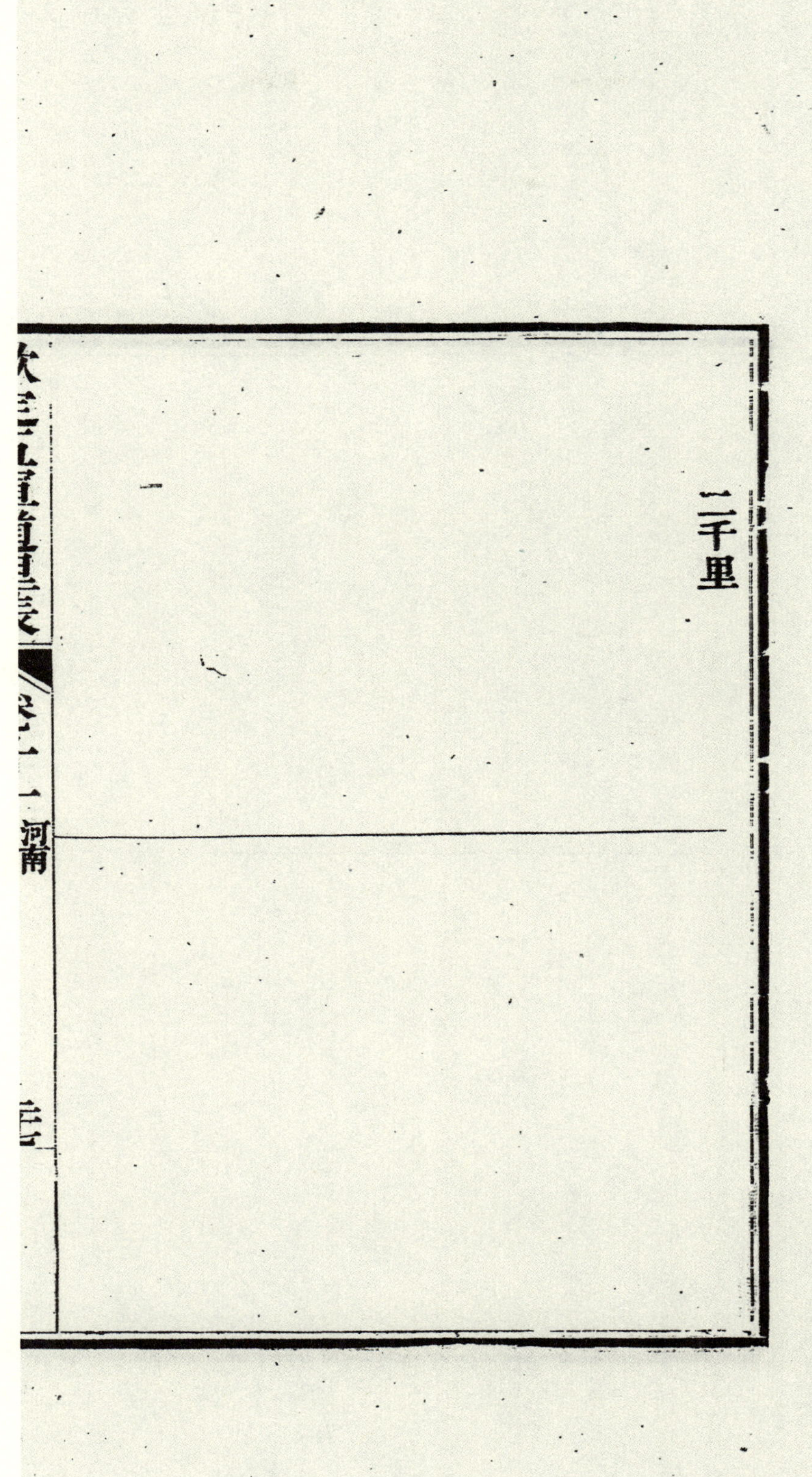

二千里

河南府屬軍犯編發邊遠極邊地方

邊遠

東至浙江寧波府

鎮海縣

鄞縣

又至金華府

蘭谿縣

又至衢州府

西安縣

江山縣

極邊

東至福建延平府

順昌縣

南平縣

南至廣東韶州府

曲江縣

西至甘肅安西州

玉門縣

北至抵邊不足四千里

南至湖南永州府

祁陽縣

零陵縣

西至甘肅凉州府

永昌縣

又至甘州府

山丹縣

北至抵邊不足三千里

以上除北外東南西俱

三千里

以上除北外東南西俱四千里

河南府屬軍犯編發烟瘴地方、

烟瘴

廣西慶遠府

宜山縣

又至柳州府

馬平縣

柳城縣

貴州南籠府

安南縣

普安縣

普安州

汝州屬軍犯編發附近近邊地方

附近

東至江蘇蘇州府
長洲縣
元和縣
吳　縣
吳江縣
震澤縣
南至湖南岳州府
巴陵縣

近邊

東至浙江杭州府
富陽縣
又至嚴州府
桐廬縣
又至紹興府
山陰縣
會稽縣
南至湖南永州府

又至長沙府

寧鄉縣

長沙縣

善化縣

西至甘肅鞏昌府

會寧縣

又至陝西綏德州

北至山西朔平府

右玉縣

左雲縣

以上俱二千里

祁陽縣

又至衡州府

常寧縣

西至甘肅涼州府

平番縣

北至撫邊不足二千五百里

以上除北外東南西俱二千五百里

汝州屬軍犯編發邊遠極邊地方

邊遠

東至浙江台州府

寧海縣

又至衢州府

西安縣

江山縣

南至廣東韶州府

樂昌縣

西至甘肅涼州府

極邊

東至福建福州府

羅源縣

又至福寧府

寧德縣

英德縣

南至廣東韶州府

西至甘肅安西州

玉門縣

武威縣
又至西寧府
西寧縣
北至抵邊不足三千里
以上除北外東南西俱
三千里

北至抵邊不足四千里
以上除北外東南西俱四千里

汝州屬軍犯編發烟瘴地方

烟瘴

雲南曲靖府

馬龍州

廣西柳州府

懷遠縣

廣東廣州府

清遠縣

欽定五軍道里表　卷十一

陜州屬軍犯編發附近近邊地方

附近

東至江蘇揚州府

儀徵縣

江都縣

甘泉縣

寶應縣

高郵州

又至鎮江府

丹徒縣

近邊

東至江蘇蘇州府

長洲縣

元和縣

吳縣

吳江縣

震澤縣

又至浙江嘉興府

嘉興縣

南至湖北武昌府
咸寧縣
蒲圻縣
西至甘肅凉州府
平番縣
又至蘭州府
臯蘭縣
北至山西朔平府
左雲縣
右玉縣
以上俱二千里

秀水縣
南至湖南長沙府
湘陰縣
西至甘肅凉州府
古浪縣
武威縣
又至西寧府
西寧縣
北至抵邊不足二千五百里
以上除北外東南西俱二千五百里

陝州屬軍犯編發邊遠極邊地方

邊遠

東至浙江紹興府

山陰縣

會稽縣

上虞縣

又至杭州府

富陽縣

又至嚴州府

桐廬縣

極邊

東至福建建寧府

建陽縣

建安縣

甌寧縣

南至廣東南雄府

保昌縣

始興縣

西至甘肅安西州

南至湖南衡州府

衡山縣

衡陽縣

清泉縣

西至甘肅甘州府

山丹縣

張掖縣

北至抵邊不足三千里

以上除北外東南西俱三千里

北至抵邊不足四千里

以上除北外東南西俱四千里

陝州屬軍犯編發烟瘴地方

烟瘴

貴州安順府

安平縣

普定縣

鎮寧州

廣西桂林府

永福縣

又至柳州府

雒容縣

廣東韶州府

曲江縣

南陽府屬軍犯編發附近近邊地方

附近

東至江蘇蘇州府

長洲縣

元和縣

吳縣

又至常州府

無錫縣

金匱縣

南至貴州思州府

近邊

東至浙江紹興府

山陰縣

會稽縣

蕭山縣

又至杭州府

仁和縣

錢塘縣

富陽縣

玉屏縣
又至湖南衡州府
衡陽縣
清泉縣
耒陽縣
西至陝西鳳翔府
岐山縣
鳳翔縣
寶雞縣
又至鄜州
中部縣

南至廣東韶州府
樂昌縣
西至陝西漢中府
褒城縣
又至延安府
延川縣
又至綏德州
清澗縣
又至甘肅平凉府
隆德縣
靜寧州

洛川縣

又至郃州

長武縣

北至山西代州

又至朔平府

馬邑縣

以上俱二千里

北至山西朔平府

右玉縣

左雲縣

以上俱二千五百里

南陽府屬軍犯編發邊遠極邊地方

邊遠

東至浙江寧波府

鎮海縣

奉化縣

又至台州府

寧海縣

又至衢州府

龍游縣

西安縣

極邊

東至抵海不足四千里

南至廣東廣州府

三水縣

南海縣

番禺縣

西至甘肅甘州府

張掖縣

山丹縣

南至廣西桂林府

全　州

興安縣

靈川縣

西至甘肅寧夏府

寧夏縣

寧朔縣

又至蘭州府

金　縣

皐蘭縣

北至抵邊不足三千里

北至抵邊不足四千里

以上除東北外南西俱四千里

以上除北外東南西俱
三千里

南陽府屬軍犯編發烟瘴地方

烟瘴

雲南雲南府

昆明縣

安寧州

欽定五軍道里表　卷十二

汝寧府屬軍犯編發附近近邊地方

附近

東至浙江杭州府
仁和縣
錢塘縣
餘杭縣
又至紹興府
蕭山縣
南至湖南衡州府
衡陽縣

近邊

東至浙江寧波府
鎮海縣
鄞　縣
又至台州府
天台縣
臨海縣
又至金華府
蘭谿縣

清泉縣
衡山縣
西至陝西鳳翔府
鳳翔縣
寶雞縣
又至延安府
甘泉縣
又至鄜州
洛川縣
又至邠州
長武縣

又至衢州府
龍游縣
西安縣
南至廣西桂林府
全　州
興安縣
西至陝西漢中府
褒城縣
又至延安府
延川縣
又至綏德州

又至甘肅涇州

北至直隸停止編發

以上除北外東南西俱

二千里

清澗縣

又至甘肅平凉府

靜寧州

又至鞏昌府

會寧縣

北至直隸停止編發

以上除北外東南西俱二千五

百里

汝寧府屬軍犯編發邊遠極邊地方

邊遠

東至浙江温州府

樂清縣

永嘉縣

瑞安縣

南至廣東韶州府

曲江縣

又至南雄府

保昌縣

極邊

東至福建泉州府

同安縣

南至廣東廣州府

東莞縣

南海縣

番禺縣

西至甘肅甘州府

山丹縣

始興縣

西至甘肅蘭州府

皋蘭縣

北至抵邊不足三千里

以上除北外東南西俱

三千里

張掖縣

北至抵邊不足四千里

以上除北外東南西俱四千里

汝寧府屬軍犯編發烟瘴地方

烟瘴

雲南曲靖府

南寧縣

霑益州

[illegible]

[illegible]

[illegible]

[illegible]

[illegible]

光州屬軍犯編發附近近邊地方

附近

東至浙江紹興府
山陰縣
會稽縣
上虞縣
餘姚縣
蕭　縣
新昌縣
又至嚴州府

近邊

東至浙江温州府
樂清縣
又至處州府
麗水縣
南至廣西桂林府
臨桂縣
陽朔縣
西至陝西漢中府

桐廬縣
建德縣
南至湖南永州府
祁陽縣
零陵縣
又至郴州
宜章縣
西至陝西西安府
長安縣
咸寧縣
咸陽縣

鳳　縣
又至延安府
甘泉縣
膚施縣
又至甘肅平涼府
平涼縣
北至直隸停止編發
以上除北外東南西俱二千五
百里

興平縣

耀州

同官縣

醴泉縣

又至乾州

武功縣

北至直隷停止編發

以上除北外東南西俱

二千里

欽定五軍道里表　卷十一

[illegible]

[illegible]

[illegible]

[illegible]

[illegible]

[illegible]

[illegible]

[illegible]

興平縣

光州屬軍犯編發邊遠極邊地方

邊遠

東至浙江温州府

泰順縣

南至廣東廣州府

清遠縣

三水縣

西至甘肅寧夏府

寧夏縣

寧朔縣

極邊

東至福建漳州府

詔安縣

南至廣東惠州府

海豐縣

陸豐縣

西至甘肅西寧府

碾伯縣

西寧縣

又至鞏昌府
會寧縣
安定縣
又至陝西綏德州
北至抵邊不足三千里
以上除北外東南西俱
三千里

又至涼州府
古浪縣
武威縣
北至抵邊不足四千里
以上除北外東南西俱四千里

光州屬軍犯編發烟瘴地方

烟瘴

雲南雲南府

嵩明州

昆明縣

安寧州

欽定五軍道里表卷之十二

陝西

西安府屬軍犯編發附近近邊地方

附近	近邊
東至山東兗州府	東至山東沂州府
滋陽縣	莒州
曲阜縣	又至青州府
泗水縣	諸城縣
又至濟寧州	安邱縣

汶上縣
又至濟南府
章邱縣
鄒平縣
長山縣
又至江蘇徐州府
睢寧縣
宿遷縣
南至湖北襄陽府
宜城縣
又至德安府

又至萊州府
昌邑縣
平度州
又至江蘇揚州府
高郵州
江都縣
甘泉縣
南至湖北武昌府
咸寧縣
蒲圻縣
又至荊州府

安陸縣
雲夢縣
又至漢陽府
孝感縣
西至甘肅凉州府
古浪縣
武威縣
永昌縣
北至抵邊不足二千里
以上除北外東南西俱
二千里

公安縣
又至湖南澧州
西至甘肅甘州府
張掖縣
北至抵邊不足二千五百里
以上除北外東南西俱二千五
百里

西安府屬軍犯編發邊遠極邊地方

邊遠

東至山東萊州府

卽墨縣

又至登州府

萊陽縣

又至江蘇蘇州府

長洲縣

元和縣

吳縣

極邊

東至浙江衢州府

龍游縣

西安縣

南至江西吉安府

萬安縣

西至甘肅安西州

敦煌縣

北至抵邊不足四千里

吳江縣

震澤縣

南至湖南長沙府

湘陰縣

西至甘肅肅州

又至安西州

玉門縣

北至抵邊不足三千里

以上除北外東南西俱

三千里

以上除北外東南西俱四千里

西安府屬軍犯編發烟瘴地方

烟瘴

貴州平越府

平越縣

又至都勻府

清平縣

廣西桂林府

全州

興安縣

廣東嘉應州

平遠縣

商州屬軍犯編發附近近邊地方

附近

東至山東東昌府

堂邑縣

聊城縣

茌平縣

又至泰安府

東阿縣

又至江蘇徐州府

碭山縣

近邊

東至山東兖州府

泗水縣

又至沂州府

蒙陰縣

又至青州府

臨淄縣

益都縣

又至江蘇淮安府

蕭縣　桃源縣

南至河南南陽府　清河縣

南陽縣　山陽縣

南召縣　南至湖北漢陽府

新野縣　孝感縣

西至甘肅凉州府　黄陂縣

平番縣　又至安陸府

北至抵邊不足二千里　荆門州

以上除北外東南西俱　西至甘肅凉州府

二千里　永昌縣

北至抵邊不足二千五百里

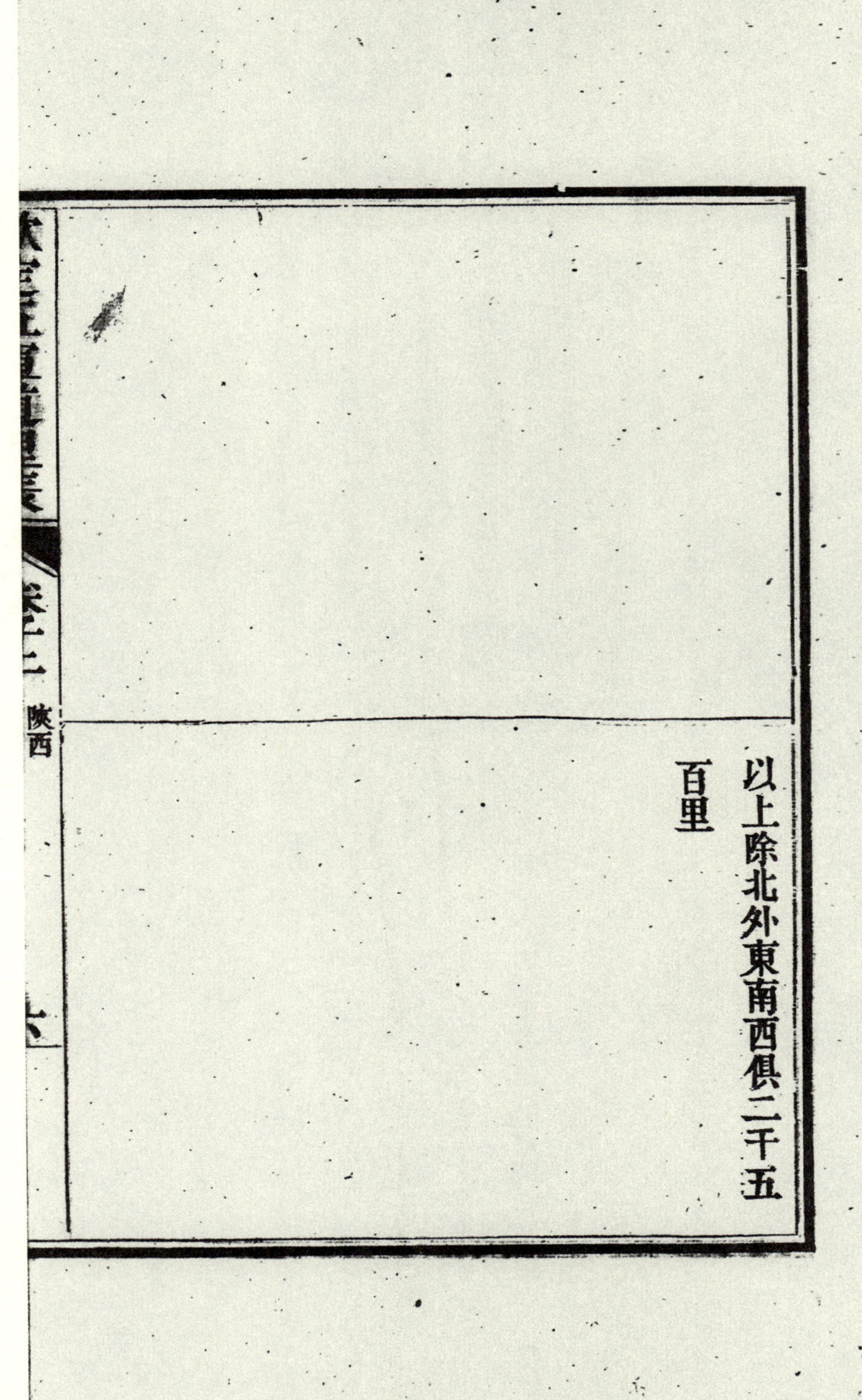

以上除北外東南西俱二千五百里

陝西

商州屬軍犯編發邊遠極邊地方

邊遠

東至山東青州府

諸城縣

又至萊州府

又膠州

即墨縣

又至江蘇鎮江府

丹徒縣

丹陽縣

極邊

東至浙江嚴州府

桐廬縣

建德縣

南至江西臨江府

峽江縣

又至吉安府

吉水縣

又廬陵縣

南至湖北武昌府
蒲圻縣
又至湖南岳州府
臨湘縣
又至澧州
安福縣
石門縣
西至甘肅肅州
高臺縣
北至抵邊不足三千里
以上除北外東南西俱

又至湖南永州府
祁陽縣
又至貴州思州府
玉屏縣
青溪縣
西至甘肅安西州
敦煌縣
北至抵邊不足四千里
以上除北外東南西俱四千里

商州屬軍犯編發烟瘴地方

烟瘴

貴州安順府

清鎮縣

又至貴陽府

貴筑縣

龍里縣

廣西桂林府

全州

乾州屬軍犯編發附近近邊地方

附近

東至山東泰安府

東平州

東阿縣

又至濟寧州

汶上縣

又至濟南府

長清縣

又歷城縣

近邊

東至山東沂州府

沂水縣

又至青州府

昌樂縣

又至萊州府

濰縣

昌邑縣

又至江蘇淮安府

又至江蘇徐州府
蕭縣
銅山縣
南至湖北襄陽府
襄陽縣
又至德安府
應山縣
又至河南南陽府
新野縣
又至汝寧府
信陽州

山陽縣
又至揚州府
寶應縣
南至湖北漢陽府
漢陽縣
又至武昌府
江夏縣
又至荊州府
江陵縣
西至甘肅肅州
高臺縣

西至甘肅凉州府
永昌縣
北至抵邊不足二千里
以上除北外東南西俱
二千里

北至抵邊不足二千五百里
以上除北外東南西俱二千五
百里

二十里

因土[illegible]東南[illegible]

[illegible]二十里

[illegible]

[illegible]

[illegible]里

[illegible]東南西[illegible]十五里

[illegible]

乾州屬軍犯編發邊遠極邊地方

邊遠

東至山東萊州府

膠州

即墨縣

又至江蘇常州府

武進縣

陽湖縣

無錫縣

金匱縣

極邊

東至浙江金華府

蘭谿縣

又至衢州府

龍游縣

南至江西吉安府

泰和縣

萬安縣

又至湖南永州府

南至湖南岳州府
巴陵縣
又至常德府
武陵縣
桃源縣
又至澧州
石門縣
西至甘肅安西州
玉門縣
北至抵邊不足三千里
以上除北外東南西俱

祁陽縣
零陵縣
西至甘肅鎮西府停止編發
北至抵邊不足四千里
以上除西北外東南俱四千里

三千里

乾州屬軍犯編發烟瘴地方

烟瘴

貴州平越府

平越縣

又至都匀府

清平縣

廣西桂林府

全州

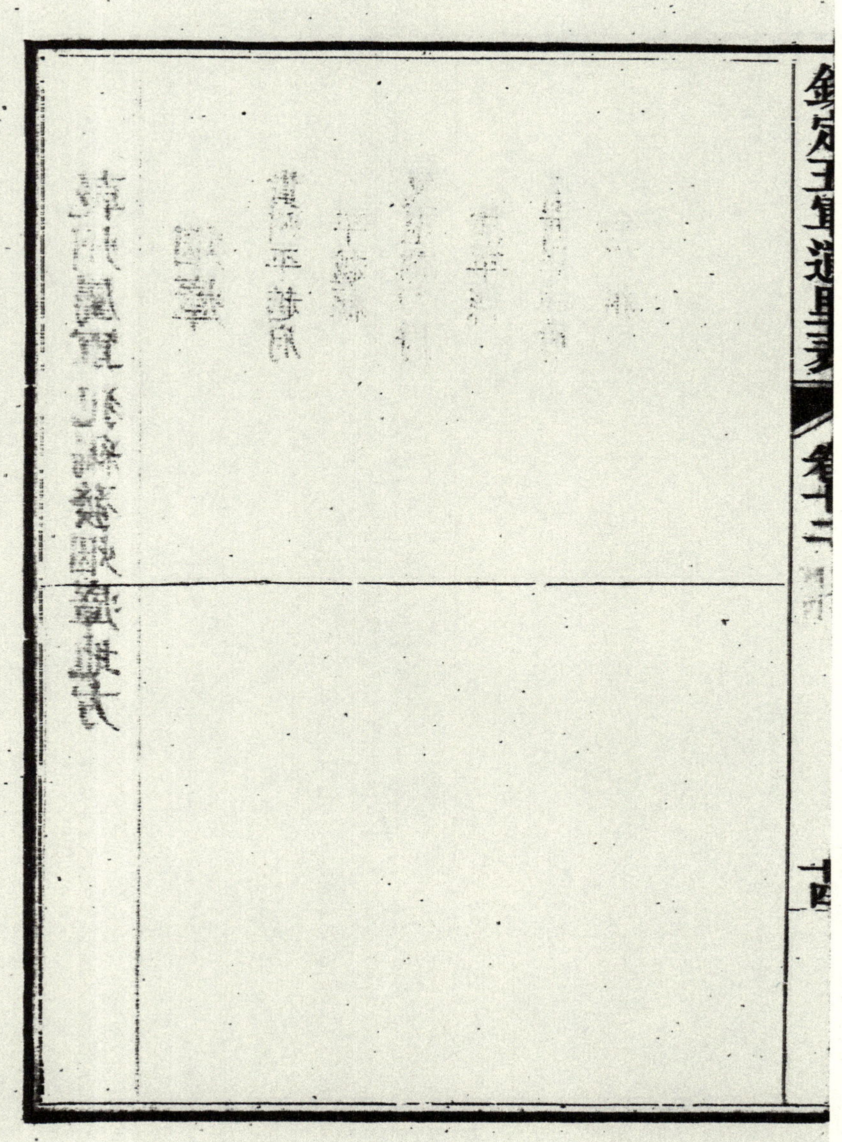

邠州屬軍犯編發附近近邊地方

附近

東至山東東昌府
聊城縣
堂邑縣
茌平縣
又至泰安府
東阿縣
又至江蘇徐州府
碭山縣

近邊

東至山東沂州府
蒙陰縣
又至青州府
臨淄縣
益都縣
又至江蘇淮安府
桃源縣
清河縣

蕭縣
南至河南南陽府
南陽縣
南召縣
新野縣
西至甘肅甘州府
山丹縣
北至抵邊不足二千里
以上除北外東南西俱
二千里

山陽縣
南至湖北漢陽府
孝感縣
黃陂縣
漢陽縣
又至安陸府
荆門州
西至甘肅肅州
北至抵邊不足二千五百里
以上除北外東南西俱二千五
百里

邠州屬軍犯編發邊遠極邊地方

邊遠

東至山東青州府
又諸城縣
又至萊州府
膠州
即墨縣
又至江蘇鎮江府
丹徒縣
南丹陽縣

極邊

東至浙江嚴州府
桐廬縣
建德縣
南至江西臨江府
峽江縣
又至吉安府
吉水縣
又廬陵縣

南至湖北武昌府

蒲圻縣

又至湖南岳州府

巴陵縣

又至常德府

武陵縣

又至澧州

安福縣

石門縣

西至甘肅安西州

玉門縣

又至湖南永州府

祁陽縣

又至貴州思州府

玉屏縣

青溪縣

西至甘肅鎮西府停止編發

北至抵邊不足四千里

以上除西北外東南俱四千里

北至抵邊不足三千里

以上除北外東南西俱

三千里

三十里

西[illegible]泉湖西頭

[illegible]三十里

邠州屬軍犯編發烟瘴地方

烟瘴

貴州貴陽府

貴定縣

又至平越府

平越縣

廣西桂林府

全　州

興安縣

延安府屬軍犯編發附近近邊地方

附近	近邊
東至河南衛輝府	東至山東濟南府
濬縣	長清縣
又至彰德府	歷城縣
內黃縣	又至泰安府
南至河南開封府	東阿縣
禹州	東平州
又至許州	又至濟寧州
襄城縣	汶上縣

又至南陽府
葉　縣
西至甘肅鞏昌府
隴西縣
又至蘭州府
金　縣
皐蘭縣
渭源縣
北至抵邊不足二千里
以上除北外東南西俱
二千里

又至江蘇徐州府
蕭　縣
銅山縣
新野縣
南至河南南陽府
又至湖北襄陽府
襄陽縣
又至德安府
應山縣
西至甘肅凉州府
古浪縣

北至抵邊不足二千五百里

以上除北外東南西俱二千五百里

[illegible]

[illegible]

延安府屬軍犯編發邊遠極邊地方

邊遠

東至山東青州府

益都縣

昌樂縣

安邱縣

又至萊州府

濰　縣

昌邑縣

又至江蘇淮安府

極邊

東至浙江嘉興府

石門縣

又至杭州府

仁和縣

錢塘縣

南至湖南長沙府

長沙縣

善化縣

山陽縣
又至揚州府
寶應縣
南至湖北漢陽府
黄陂縣
漢陽縣
又至武昌府
江夏縣
又至荆州府
江陵縣
西至甘肅甘州府

湘潭縣
西至甘肅安西州
玉門縣
北至抵邊不足四千里
以上除北外東南西俱四千里

山丹縣

北至抵邊不足三千里

以上除北外東南西俱

三千里

延安府屬軍犯編發烟瘴地方

烟瘴

廣西桂林府

全　州

貴州大定府

畢節縣

鄜州屬軍犯編發附近近邊地方

附近

東至山東東昌府

冠縣

堂邑縣

南至河南南陽府

裕州

南陽縣

南召縣

西至甘肅鞏昌府

近邊

東至山東濟南府

章邱縣

鄒平縣

長山縣

又至兖州府

滋陽縣

曲阜縣

泗水縣

岷州

北至抵邊不足二千里

以上除北外東南西俱

二千里

又至江蘇徐州府

睢寧縣

宿遷縣

南至湖北襄陽府

宜城縣

又至德安府

安陸縣

雲夢縣

又至漢陽府

孝感縣

西至甘肅凉州府

武威縣

北至抵邊不足二千五百里

以上除北外東南西俱二千五百里

鄜州屬軍犯編發邊遠極邊地方

邊遠

東至山東萊州府

昌邑縣

掖縣

平度州

又至青州府

諸城縣

又至沂州府

莒州

極邊

東至浙江杭州府

富陽縣

又至嚴州府

桐廬縣

南至湖南衡州府

衡山縣

衡陽縣

清泉縣

又至江蘇揚州府
高郵州
江都縣
甘泉縣
南至湖北武昌府
咸寧縣
蒲圻縣
又至荆州府
公安縣
又至湖南澧州
西至甘肅甘州府

西至甘肅安西州
北至抵邊不足四千里
以上除北外東南西俱四千里

張掖縣

又至肅州

高臺縣

北至抵邊不足三千里

以上除北外東南西俱

三千里

欽定五軍道里表
卷十二
表

鄜州屬軍犯編發烟瘴地方

烟瘴

貴州思州府

玉屏縣

青溪縣

綏德州屬軍犯編發附近近邊地方

附近

東至河南懷慶府

孟　縣

河內縣

南至河南河南府

偃師縣

鞏　縣

又至開封府

汜水縣

近邊

東至河南衛輝府

濬　縣

又至彰德府

內黃縣

南至河南許州

襄城縣

又至南陽府

葉　縣

西至甘肅平凉府
隆德縣
靜寧州
北至抵邊不足二千里
以上除北外東南西俱
二千里

西至甘肅蘭州府
金縣
皐蘭縣
又至鞏昌府
隴西縣
北至抵邊不足二千五百里
以上除北外東南西俱二千五
百里

綏德州屬軍犯編發邊遠極邊地方

邊遠

東至山東濟南府
長清縣
歷城縣
又至泰安府
東平州
又至濟寧州
汶上縣
又至江蘇徐州府

極邊

東至江蘇常州府
武進縣
陽湖縣
無錫縣
金匱縣
又至山東萊州府
膠州
即墨縣

銅山縣

睢寧縣

南至湖北德安府

應山縣

又至襄陽府

襄陽縣

宜城縣

西至甘肅凉州府

古浪縣

北至抵邊不足三千里

以上除北外東南西俱

南至湖南岳州府

巴陵縣

又至常德府

武陵縣

桃源縣

西至甘肅肅州

北至抵邊不足四千里

以上除北外東南西俱四千里

三千里

大清□□重□□ □卷十二 陝西

綏德州屬軍犯編發烟瘴地方

烟瘴

貴州思州府

玉屏縣

青溪縣

鳳翔府屬軍犯編發附近近邊地方

附近

東至山東東昌府

冠縣

堂邑縣

聊城縣

茌平縣

又至江蘇徐州府

碭山縣

南至四川成都府

近邊

東至山東濟南府

鄒平縣

長山縣

又至青州府

臨淄縣

益都縣

又至兖州府

泗水縣

簡　州

又至資州

資陽縣

西至甘肅涼州府

永昌縣

北至抵邊不足二千里

以上除北外東南西俱

二千里

又至沂州府

蒙陰縣

又至江蘇淮安府

桃源縣

清河縣

南至四川重慶府

榮昌縣

又至瀘州

納谿縣

又至湖北德安府

雲夢縣

又至漢陽府

孝感縣

黃陂縣

又至安陸府

荆門州

西至甘肅肅州

高臺縣

北至抵邊不足二千五百里

以上除北外東南西俱二千五百里

鳳翔府屬軍犯編發邊遠極邊地方

邊遠

東至山東萊州府

掖縣

即墨縣

又至登州府

黄縣

又至江蘇揚州府

江都縣

甘泉縣

極邊

東至浙江杭州府

富陽縣

又至嚴州府

桐廬縣

建德縣

南至江西臨江府

清江縣

新淦縣

又至鎮江府
丹徒縣
丹陽縣
南至湖北武昌府
咸寧縣
蒲圻縣
又至湖南澧州
安福縣
西至甘肅安西州
玉門縣
北至抵邊不足三千里

峽江縣
又至吉安府
吉水縣
廬陵縣
又至貴州思州府
玉屏縣
青溪縣
西至甘肅鎮西府停止編發
北至抵邊不足四千里
以上除西北外東南俱四千里

以上除北外東南西俱

三千里

欽定五軍道里表 卷十二

鳳翔府屬軍犯編發烟瘴地方

烟瘴

貴州南籠府

雲南武定州

元謀縣

漢中府屬軍犯編發附近近邊地方

附近

東至河南河南府
偃師縣
鞏　縣
又至開封府
汜水縣
又滎陽縣
南至四川瀘州
西納谿縣

近邊

東至河南歸德府
寧陵縣
商邱縣
睢　州
虞城縣
南至河南汝寧府
西平縣
又遂平縣

西至甘肅凉州府
平番縣
又至蘭州府
皐蘭縣
北至甘肅平凉府
靜寧州
隆德縣
以上俱二千里

又至許州
郾城縣
西至甘肅凉州府
武威縣
古浪縣
北至抵邊不足二千五百里
以上除北外東南西俱二千五
百里

漢中府屬軍犯編發邊遠極邊地方

邊遠

東至安徽鳳陽府

宿　州

靈璧縣

又至江蘇徐州府

睢寧縣

宿遷縣

南至湖北德安府

安陸縣

極邊

東至湖北黄州府

黄梅縣

又至江西九江府

德化縣

又至安徽安慶府

宿松縣

又至江蘇常州府

無錫縣

雲夢縣
應山縣
又至襄陽府
襄陽縣
宜城縣
西至甘肅甘州府
張掖縣
山丹縣
北至抵邊不足三千里
以上除北外東南西俱
三千里

金匱縣
又至蘇州府
長洲縣
元和縣
吳　縣
南至湖南岳州府
巴陵縣
又至長沙府
湘陰縣
又至常德府
桃源縣

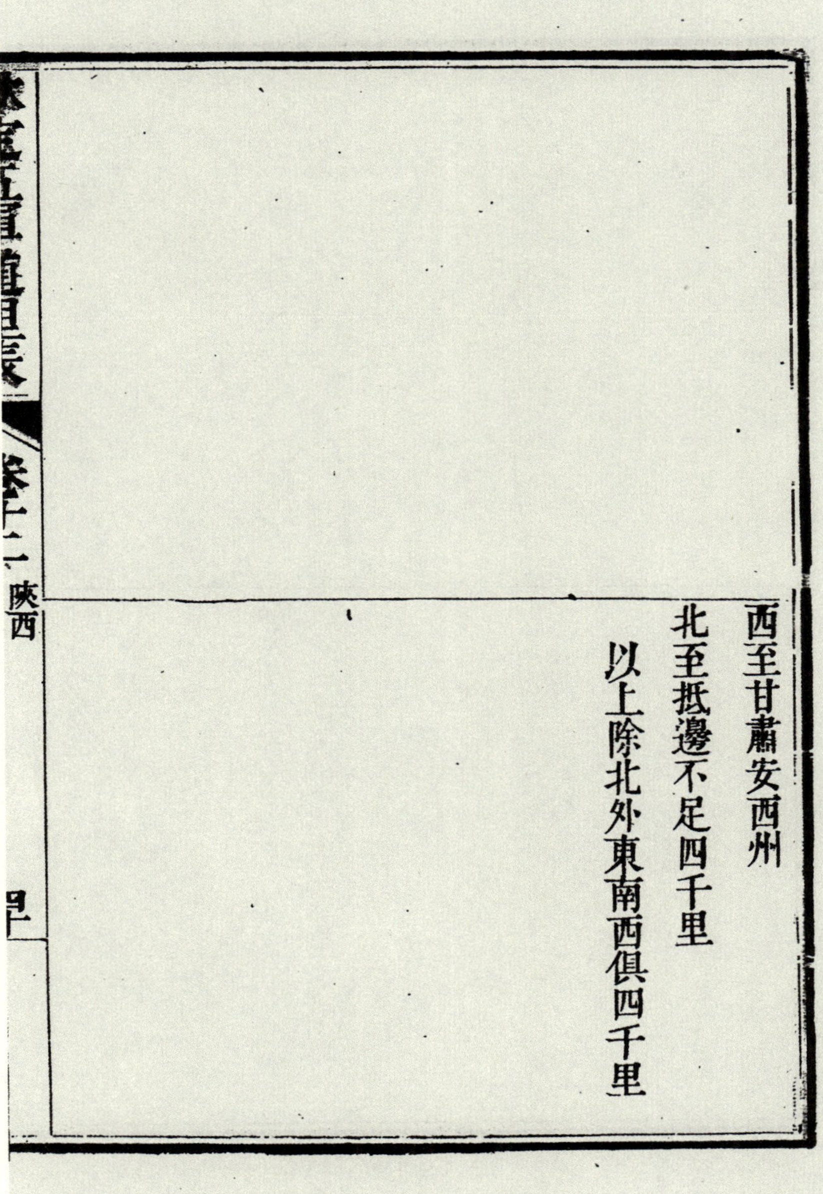

西至甘肅安西州

北至抵邊不足四千里

以上除北外東南西俱四千里

漢中府屬軍犯編發烟瘴地方

烟瘴

雲南曲靖府

尋甸州

又至雲南府

嵩明州

同州府屬軍犯編發附近近邊地方

附近

東至山東青州府

臨淄縣

益都縣

昌樂縣

又至沂州府

蒙陰縣

又至江蘇淮安府

桃源縣

近邊

東至山東萊州府

即墨縣

又至登州府

黄縣

又至江蘇鎮江府

丹徒縣

丹陽縣

又至常州府

清河縣　武進縣

山陽縣　陽湖縣

南至湖北安陸府　南至湖南岳州府

荆門州　臨湘縣

又至漢陽府　又至常德府

黄陂縣　武陵縣

漢陽縣　又至澧州

又至武昌府　安福縣

江夏縣　石門縣

西至甘肅涼州府　又至湖北武昌府

平番縣　蒲圻縣

古浪縣

北至抵邊不足二千里

以上除北外東南西俱

二千里

西至甘肅凉州府

永昌縣

又至甘州府

山丹縣

張掖縣

北至抵邊不足二千五百里

以上除北外東南西俱二千五

百里

欽定五軍道里表　卷二

同州府屬軍犯編發邊遠極邊地方

邊遠

東至浙江嘉興府

嘉興縣

秀水縣

石門縣

南至湖南長沙府

湘陰縣

長沙縣

善化縣

極邊

東至抵海不足四千里

南至江西贛州府

贛縣

又至南安府

南康縣

又至廣西桂林府

興安縣

靈川縣

湘潭縣

又至辰州府

沅陵縣

瀘溪縣

辰谿縣

西至甘肅肅州

高臺縣

北至抵邊不足三千里

以上除北外東南西俱

三千里

臨桂縣

西至甘肅安西州

敦煌縣

北至抵邊不足四千里

以上除東北外南西俱四千里

同州府屬軍犯編發烟瘴地方

烟瘴

廣西桂林府

灌陽縣

又至平樂府

恭城縣

貴州安順府

清鎮縣

又至貴陽府

貴筑縣

龍里縣
貴定縣

榆林府屬軍犯編發附近近邊地方

附近

東至河南河南府

澠池縣

南至河南河南府

新安縣

西至甘肅鞏昌府

會寧縣

安定縣

北至抵邊不足五千里

近邊

東至河南衛輝府

獲嘉縣

新鄉縣

又至懷慶府

修武縣

南至河南開封府

鄭州

新鄭縣

以上除北外東南西俱二千里

西至甘肅凉州府平番縣

北至抵邊不足二千五百里

以上除北外東南西俱二千五百里

榆林府屬軍犯編發邊遠極邊地方

邊遠

東至河南歸德府

商邱縣

虞城縣

夏邑縣

又至江蘇徐州府

碭山縣

又至山東東昌府

冠　縣

極邊

東至江蘇揚州府

高郵州

江都縣

甘泉縣

又至鎮江府

丹徒縣

丹陽縣

又至山東萊州府

堂邑縣

南至河南南陽府

裕州

南陽縣

南召縣

西至甘肅凉州府

永昌縣

北至抵邊不足三千里

以上除北外東南西俱

三千里

平度州

即墨縣

南至湖北武昌府

咸寧縣

蒲圻縣

又至湖南澧州

安福縣

西至甘肅安西州

玉門縣

北至抵邊不足四千里

以上除北外東南西俱四千里

榆林府屬軍犯編發烟瘴地方

烟瘴

廣西桂林府

全　州

貴州大定府

畢節縣

興安州屬軍犯編發附近近邊地方

附近

東至湖北漢陽府
孝感縣
黃陂縣
漢陽縣
南至四川成都府
簡州
又至湖南澧州
石門縣

近邊

東至湖北黃州府
蘄州
廣濟縣
黃梅縣
又至安徽安慶府
宿松縣
太湖縣
南至湖南辰州府

安福縣
又至常德府
武陵縣
西至四川資州
資陽縣
又至甘肅鞏昌府
伏羌縣
北至甘肅秦州
秦安縣
又至平凉府
靜寧州

沅陵縣
瀘溪縣
辰谿縣
又至岳州府
巴陵縣
西至甘肅蘭州府
狄道州
皐蘭縣
北至抵邊不足二千五百里
以上除北外東南西俱二千五
百里

以上俱二千里

興安州屬軍犯編發邊遠極邊地方

邊遠

東至安徽廬州府

舒城縣

合肥縣

南至貴州思州府

玉屏縣

青溪縣

又至湖南長沙府

湘潭縣

極邊

東至浙江杭州府

餘杭縣

仁和縣

錢塘縣

富陽縣

南至廣西桂林府

臨桂縣

永福縣

西至甘肅凉州府

平番縣

古浪縣

北至抵邊不足三千里

以上除北外東南西俱

三千里

西至甘肅肅州

高臺縣

北至抵邊不足四千里

以上除北外東南西俱四千里

興安州屬軍犯編發烟瘴地方

烟瘴

廣西平樂府

恭城縣

平樂縣

又至桂林府

陽朔縣

貴州安順府

永寧州

又至南籠府

安南縣

欽定五軍道里表卷之十三

甘肅

蘭州府屬軍犯編發附近近邊地方

附近

東至山西解州
夏　縣
安邑縣
又至絳州
聞喜縣

近邊

東至河南懷慶府
武陟縣
修武縣
又至衛輝府
獲嘉縣

又至蒲州府
猗氏縣
又至河南河南府
澠池縣
又至陝州
南至陝西漢中府
沔縣
褒城縣
南鄭縣
城固縣
洋縣

新鄉縣
又至開封府
滎陽縣
鄭州
中牟縣
又至山西汾州府
介休縣
又至霍州
靈石縣
南至四川保寧府
閬中縣

西至本省安西州
北至抵邊不足二千里
以上除北外東南西俱
二千里

蒼溪縣
昭化縣
劍　州
又至陝西興安州
漢陰縣
西至本省安西州
敦煌縣
北至抵邊不足二千五百里
以上除北外東南西俱二千五
百里

蘭州府屬軍犯編發邊遠極邊地方

極邊

東至山東萊州府

昌邑縣

平度州

掖縣

又至登州府

萊陽縣

又至安徽太平府

蕪湖縣

邊遠

東至河南歸德府

虞城縣

夏邑縣

商邱縣

又至山東東昌府

冠縣

館陶縣

堂邑縣

聊城縣

又至臨淸州

又至山西平定州

壽陽縣

南至四川成都府

漢州

新都縣

成都縣

華陽縣

又至順慶府

南充縣

又至寧國府

又南陵縣

南至四川重慶府

永川縣

璧山縣

巴縣

西至本省鎮西府停止編發

北至抵邊不足四千里

以上除西北外東南俱四千里

又至綿州

德陽縣

西至本省鎮西府停止編

發

北至抵邊不足三千里

以上除西北外東南俱

三千里

蘭州府屬軍犯編發烟瘴地方

烟瘴

貴州大定府

畢節縣

又至南籠府

安南縣

雲南曲靖府

南寧縣

霑益州

陸涼州

平彝縣

平凉府屬軍犯編發附近近邊地方

附近

東至河南彰德府
安陽縣
湯陰縣
内黄縣
又至衛輝府
濬縣
南至四川保寧府
昭化縣

近邊

東至山東濟南府
長清縣
歷城縣
又至泰安府
東平州
肥城縣
又至濟寧州
汶上縣

蒼溪縣
劍州
又至陝西興安州
漢陰縣
西至本省肅州
高臺縣
北至抵邊不足二千里
以上除北外東南西俱
二千里

南至安徽鳳陽府
宿州
靈璧縣
又至四川成都府
漢州
新都縣
成都縣
華陽縣
又至順慶府
南充縣
又至綿州

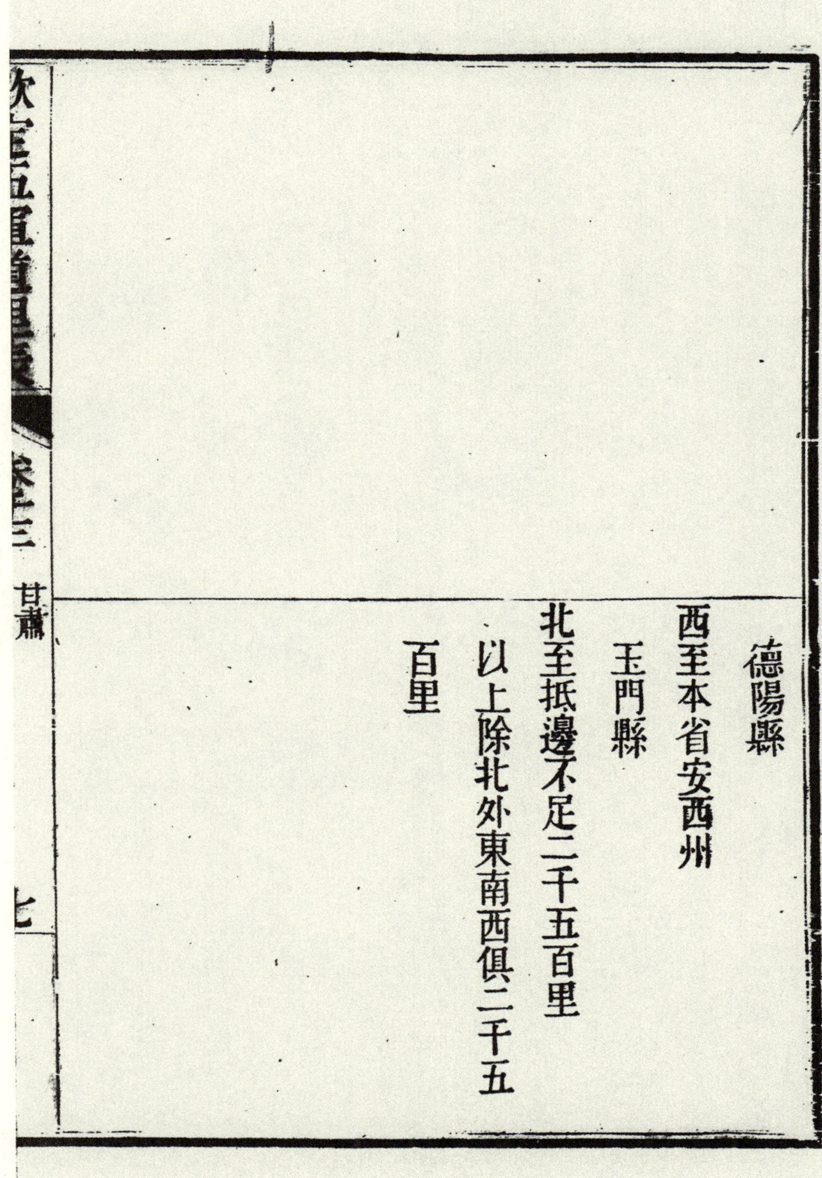

德陽縣

西至本省安西州

玉門縣

北至抵邊不足二千五百里

以上除北外東南西俱二千五百里

平涼府屬軍犯編發邊遠極邊地方

邊遠

東至江蘇江寧府

六合縣

又至山東沂州府

莒州

南至安徽廬州府

合肥縣

舒城縣

又至四川資州

極邊

東至抵海不足四千里

南至江西南昌府

奉新縣

又至瑞州府

高安縣

又至南康府

安義縣

西至本省鎮西府停止編發

北至抵邊不足四千里

以上除東西北外南係四千里

內江縣

西至本省安西州

敦煌縣

北至抵邊不足三千里

以上除北外東南西俱

三千里

平凉府屬軍犯編發烟瘴地方

烟瘴

雲南曲靖府

南寧縣

陸涼州

馬龍州

霑益州

貴州南籠府

普安州

安南縣

鞏昌府屬軍犯編發附近近邊地方

附近	近邊
東至山西平陽府	東至河南陳州府
臨汾縣	扶溝縣
曲沃縣	又至開封府
洪洞縣	通許縣
又至河南河南府	陳留縣
洛陽縣	杞縣
偃師縣	又至歸德府
鞏縣	睢州

孟津縣
又至懷慶府
孟　縣
河内縣
南至陝西興安州
石泉縣
漢陰縣
又至四川保寧府
廣元縣
昭化縣
西至本省肅州

寧陵縣
又至衛輝府
濬　縣
又至彰德府
内黃縣
南至四川保寧府
巴　州
又至成都府
漢　州
又至順慶府
西充縣

又至安西州

玉門縣

北至抵邊不足二千里

以上除北外東南西俱二千里

南充縣

又至綿州

德陽縣

西至本省安西州

北至抵邊不足二千五百里

以上除北外東南西俱二千五百里

鞏昌府屬軍犯編發邊遠極邊地方

邊遠

東至安徽鳳陽府

宿州

靈壁縣

又至山東泰安府

東平州

又至濟寧州

汶上縣

南至四川資州

極邊

東至山東萊州府

高密縣

平度州

掖縣

又至江蘇揚州府

寶應縣

又至淮安府

山陽縣

資陽縣

內江縣

又至嘉定府

夾江縣

樂山縣

西至本省安西州

敦煌縣

北至抵邊不足三千里

以上除北外東南西俱

三千里

清河縣

南至湖北武昌府

蒲圻縣

又至湖南岳州府

巴陵縣

西至本省鎮西府停止編發

北至抵邊不足四千里

以上除西北外東南俱四千里

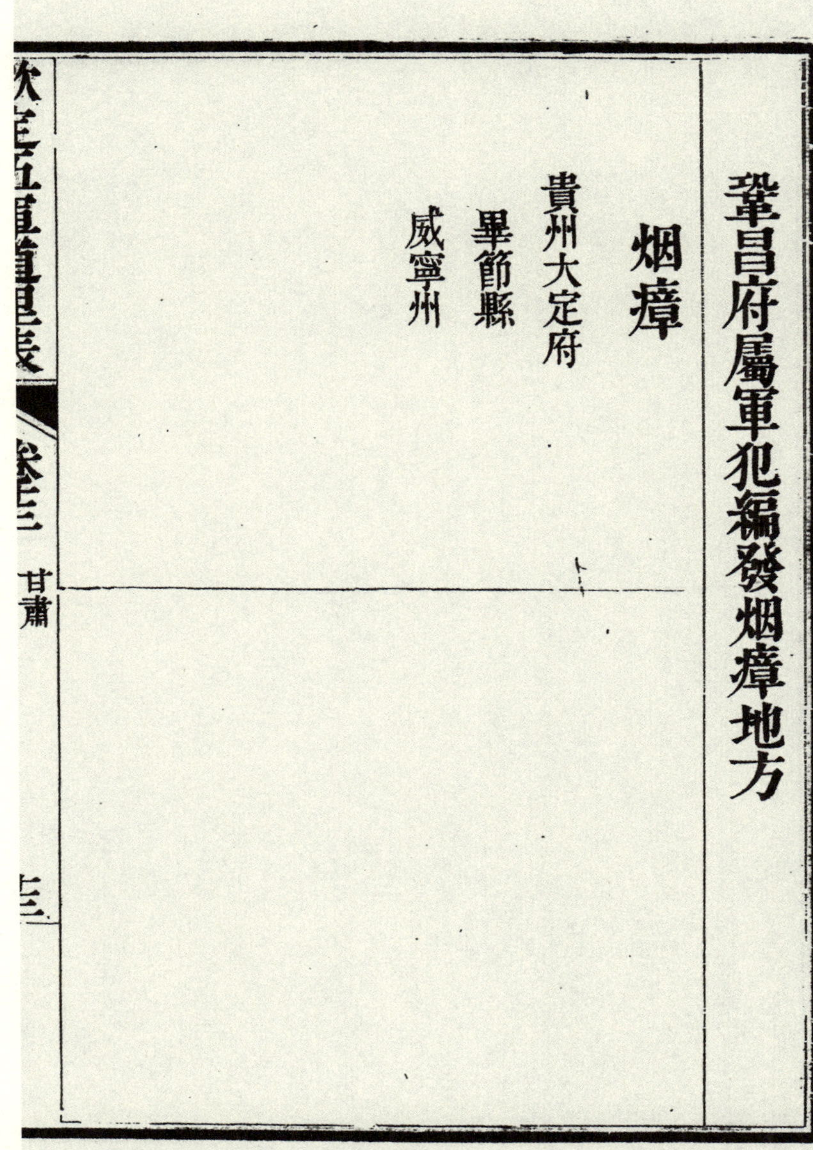

鞏昌府屬軍犯編發烟瘴地方

烟瘴

貴州大定府

畢節縣

威寧州

秦州屬軍犯編發附近近邊邊地方

附近

東至山西霍州
靈石縣
又至汾州府
介休縣
又至河南開封府
鄭州
中牟縣
祥符縣

近邊

東至河南陳州府
項城縣
沈邱縣
又至歸德府
夏邑縣
永城縣
又至山東東昌府
冠縣

陳留縣
又至懷慶府
修武縣
又至衛輝府
獲嘉縣
新鄉縣
汲　縣
南至陝西興安州
平利縣
又至四川保寧府
蒼溪縣

堂邑縣
聊城縣
茌平縣
又至泰安府
東阿縣
南至四川重慶府
定遠縣
合　州
又至成都府
簡　州
雙流縣

閬中縣
南部縣
又至綿州
梓潼縣
西至本省肅州
高臺縣
北至抵邊不足二千里
以上除北外東南西俱
二千里

新津縣
又至資州
資陽縣
又至眉州
彭山縣
西至本省安西州
玉門縣
北至抵邊不足二千五百里
以上除北外東南西俱二千五
百里

秦州屬軍犯編發邊遠極邊地方

邊遠

東至安徽鳳陽府

鳳陽縣

定遠縣

又至山東兗州府

泗水縣

又至沂州府

蒙陰縣

又至濟南府

極邊

東至山東登州府

黃　縣

蓬萊縣

又至江蘇海州

贛榆縣

南至湖南長沙府

湘陰縣

長沙縣

鄒平縣
長山縣
又至青州府
臨淄縣
益都縣
南至四川敘州府
隆昌縣
又至重慶府
榮昌縣
永川縣
西至本省安西州

善化縣
又至澧州
安鄉縣
西至本省鎮西府停止編發
北至抵邊不足四千里
以上除西北外東南俱四千里

敦煌縣

北至抵邊不足三千里

以上除北外東南西俱

三千里

秦州屬軍犯編發烟瘴地方

烟瘴

雲南曲靖府

宣威州

貴州大定府

威寧州

階州屬軍犯編發附近近邊地方

附近

東至山西蒲州府

永濟縣

臨晉縣

猗氏縣

又至解州

安邑縣

又至河南陝州

閿鄉縣

近邊

東至河南開封府

汜水縣

滎陽縣

又至河南府

偃師縣

鞏縣

又至懷慶府

孟縣

靈寶縣
南至陝西漢中府
沔縣
寧羌州
南鄭縣
城固縣
洋縣
西至本省涼州府
永昌縣
鎮番縣
東至甘州府

河內縣
南至四川保寧府
蒼溪縣
劍州
東至陝西興安州
漢陰縣
西至本省肅州
高臺縣
北至抵邊不足二千五百里
以上除北外東南西俱二千五
二百里

山丹縣

北至抵邊不足二千里

以上除北外東南西俱

二千里

階州屬軍犯編發邊遠極邊地方

邊遠

東至河南歸德府
睢州
寧陵縣
商邱縣
虞城縣
又至彰德府
内黄縣
南至四川成都府

極邊

東至山東沂州府
莒州
沂水縣
又至青州府
諸城縣
又至萊州府
濰縣
昌邑縣

漢州
新都縣
成都縣
華陽縣
又至順慶府
南充縣
岳池縣
又至綿州
德陽縣
西至本省安西州
玉門縣

又至安徽太平府
當塗縣
蕪湖縣
又至和州
南至湖北武昌府
江夏縣
咸寧縣
又至四川重慶府
璧山縣
巴縣
西至本省鎮西府停止編發

北至抵邊不足三千里

以上除北外東南西俱

三千里

北至抵邊不足四千里

以上除西北外東南俱四千里

階州屬軍犯編發烟瘴地方

烟瘴

貴州大定府

畢節縣

慶陽府屬軍犯編發附近近邊地方

附近

東至河南衞輝府

濬　縣

又至彰德府

內黄縣

湯陰縣

安陽縣

南至山西潞安府

屯留縣

近邊

東至山東曹州府

鄆城縣

又至濟南府

長清縣

歷城縣

又至泰安府

肥城縣

東平州

襄垣縣

西至本省凉州府

鎮番縣

永昌縣

北至抵邊不足二千里

以上除北外東南西俱

二千里

又至兖州府

滋陽縣

又至濟寧州

汶上縣

南至安徽鳳陽府

宿州

靈壁縣

西至本省肅州

高臺縣

北至抵邊不足二千五百里

以上除北外東南西俱二千五

大清一統輿圖　卷十三　甘肅

百里

慶陽府屬軍犯編發邊遠極邊地方

邊遠	極邊
東至山東青州府	東至山東沂州府
益都縣	日照縣
昌樂縣	南至湖南岳州府
又至萊州府	華容縣
濰　縣	又至澧州
昌邑縣	安鄉縣
南至湖北德安府	又至長沙府
安陸縣	湘陰縣

雲夢縣

應城縣

又至漢陽府

孝感縣

又至安陸府

京山縣

西至本省安西州

玉門縣

北至抵邊不足三千里

以上除北外東南西俱

三千里

西至本省鎮西府停止編發

北至抵邊不足四千里

以上除西北外東南俱四千里

慶陽府屬軍犯編發烟瘴地方

烟瘴

貴州安順府

鎮寧州

永寧州

普定縣

甘州府屬軍犯編發附近近邊地方

附近

東至陝西鳳翔府

隴州

又至邠州

長武縣

南至本省涇州

西至本省鎮西府停止編

發

北至抵邊不足二千里

近邊

東至陝西乾州

武功縣

又至西安府

興平縣

長安縣

咸寧縣

臨潼縣

咸陽縣

以上除西北外東南俱二千里

南至陝西漢中府

鳳縣

西至本省鎮西府停止編發

北至抵邊不足二千五百里

以上除西北外東南俱二千五百里

甘州府屬軍犯編發邊遠極邊地方

邊遠	極邊
東至山西蒲州府	東至山西太原府
猗氏縣	陽曲縣
臨晉縣	榆次縣
又至解州	又至忻州
安邑縣	又至平定州
夏縣	壽陽縣
又至陝西延安府	又至陝西興安州
延長縣	白河縣

延川縣
又至河南河南府
澠池縣
又至陝州
靈寶縣
南至陝西漢中府
沔縣
南鄭縣
城固縣
褒城縣
洋縣

又至河南歸德府
商邱縣
虞城縣
寧陵縣
夏邑縣
又至山東東昌府
冠縣
堂邑縣
南至河南南陽府
南陽縣
南召縣

西至本省鎮西府停止編發
北至抵邊不足三千里
以上除西北外東南俱三千里

裕　州
又至四川緜州
德陽縣
又至成都府
漢　州
新都縣
又至順慶府
西充縣
南充縣
西至抵邊停止編發
北至抵邊不足四千里

以上除西北外東南俱四千里

甘州府屬寶菀編發烟瘴地方

烟瘴

貴州大定府

畢節縣

又至南籠府

安南縣

雲南曲靖府

南寧縣

霑益州

陸凉州

平番縣

[illegible]

涼州府屬軍犯編發附近近邊地方

附近

東至陝西乾州
武功縣
又至西安府
興平縣
又至鄜州
又至鳳翔府
扶風縣
南至陝西漢中府

近邊

東至河南陝州
靈寶縣
又至河南府
澠池縣
又至陝西延安府
延長縣
延川縣
又至山西蒲州府

鳳　縣

西至本省安西州

敦煌縣

北至抵邊不足二千里

以上除北外東南西俱

二千里

臨晉縣

猗氏縣

又至解州

安邑縣

夏　縣

南至陝西漢中府

褒城縣

沔　縣

南鄭縣

城固縣

西至本省鎮西府停止編發

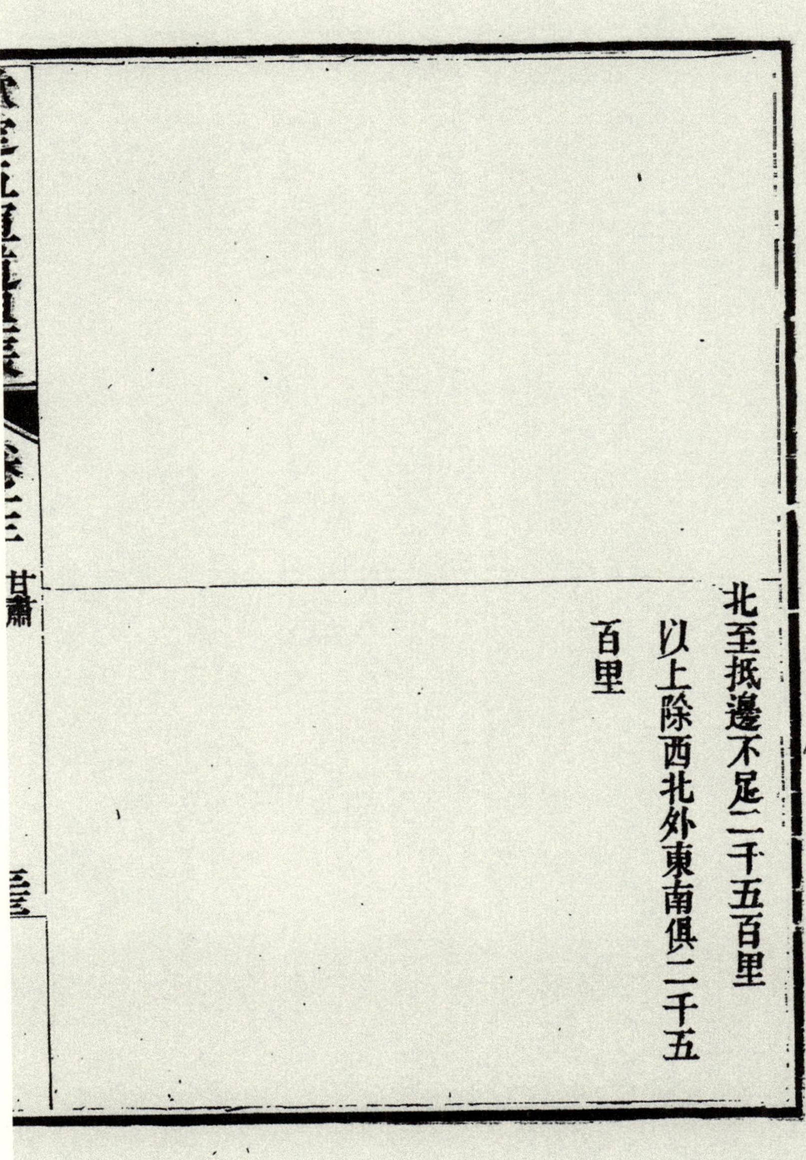

北至抵邊不足二千五百里

以上除西北外東南俱二千五百里

凉州府屬軍犯編發邊遠極邊地方

邊遠	極邊
東至山西霍州	東至安徽鳳陽府
靈石縣	靈璧縣
趙城縣	鳳陽縣
又至平陽府	又至湖北襄陽府
洪洞縣	宜城縣
又至澤州府	又至安陸府
沁水縣	荊門州
陽城縣	又至山東東昌府

鳳臺縣

又至河南開封府

滎陽縣

鄭州

汜水縣

又至河南府

鞏縣

又至懷慶府

河内縣

武陟縣

修武縣

聊城縣

茌平縣

堂邑縣

又至泰安府

東阿縣

南至湖北德安府

應山縣

安陸縣

雲夢縣

應城縣

又至四川資州

又至衛輝府
獲嘉縣
南至四川保寧府一
昭化縣
廣元縣
又至陝西興安州
石泉縣
漢陰縣
西至本省鎮西府停止編
發
北至抵邊不足三千里

資陽縣
內江縣
又至嘉定府
夾江縣
樂山縣
西至本省廸化州停止編發
北至抵邊不足四千里
以上除西北外東南俱四千里

以上除西北外東南俱三千里

凉州府屬軍犯編發烟瘴地方

烟瘴

貴州大定府

畢節縣

威寧州

寧夏府屬軍犯編發附近近邊地方

附近

東至河南陝州
靈寶縣
又至河南府
澠池縣
又至山西蒲州府
猗氏縣
又至解州
安邑縣

近邊

東至河南開封府
氾水縣
滎陽縣
鄭州
中牟縣
又至懷慶府
武陟縣
修武縣

夏　縣
又至絳州
聞喜縣
南至陜西興安州
洵陽縣
又至漢中府
鳳　縣
西至本省肅州
高臺縣
北至抵邊不足二千里
以上除北外東南西俱

又至衛輝府
獲嘉縣
新鄉縣
南至陜西漢中府
寧羌州
西鄉縣
又至四川保寧府
廣元縣
西至本省安西州
玉門縣
北至抵邊不足二千五百里

二千里

以上除北外東南西俱二千五百里

寧夏府屬軍犯編發邊遠極邊地方

邊遠

東至山西太原府

榆次縣

陽曲縣

又至平定州

壽陽縣

又至河南歸德府

虞城縣

夏邑縣

極邊

東至安徽太平府

蕪湖縣

當塗縣

又至寧國府

南陵縣

又至江蘇揚州府

儀徵縣

江都縣

商邱縣
又至山東東昌府
冠　縣
堂邑縣
南至河南南陽府
南陽縣
南名縣
裕　州
又至四川綿州
梓潼縣
又至保寧府

甘泉縣
高郵州
又至山東萊州府
平度州
南至湖北武昌府
咸寧縣
蒲圻縣
又至襄陽府
宜城縣
又至安陸府
荆門州

蒼溪縣

閬中縣

南部縣

又至陝西興安州

平利縣

西至本省安西州

敦煌縣

北至抵邊不足三千里

以上除北外東南西俱

三千里

又至四川敘州府

隆昌縣

又至重慶府

榮昌縣

西至本省鎮西府停止編發

北至抵邊不足四千里

以上除西北外東南俱四千里

寧夏府屬軍犯編發烟瘴地方

烟瘴

雲南曲靖府

南寧縣

陸涼州

馬龍州

霑益州

貴州南籠府

普安州

安南縣

西寧府屬軍犯編發附近近邊地方

附近

東至本省慶陽府

合水縣

又至陝西鄜州

又至西安府

醴泉縣

咸陽縣

長安縣

咸寧縣

近邊

東至河南陝州

靈寶縣

閿鄉縣

又至河南府

澠池縣

又至山西蒲州府

永濟縣

臨晉縣

臨潼縣
南至陜西鳳翔府
寶雞縣
西至本省安西州
玉門縣
北至抵邊不足二千里
以上除北外東南西俱
二千里

猗氏縣
又至解州
安邑縣
南至陜西漢中府
褒城縣
南鄭縣
西至本省安西州
敦煌縣
北至抵邊不足二千五百里
以上除北外東南西俱二千五
百里

西寧府屬軍犯編發邊遠極邊地方

邊遠	極邊
東至山西平陽府	東至山東兖州府
洪洞縣	滋陽縣
臨汾縣	曲阜縣
又至霍州	又至濟寧州
趙城縣	汶上縣
又至河南懷慶府	又至濟南府
孟　縣	歷城縣
河内縣	章邱縣

修武縣
南至四川保寧府
廣元縣
昭化縣
又至陝西興安州
石泉縣
漢陰縣
西至本省鎮西府停止編
發
北至抵邊不足三千里
以上除西北外東南俱

鄒平縣
又至湖北襄陽府
宜城縣
襄陽縣
又至安徽鳳陽府
宿州
靈璧縣
鳳陽縣
又至山西大同府
山陰縣
應州

三千里

懷仁縣
又至河南光州
固始縣
南至四川嘉定府
夾江縣
樂山縣
又至重慶府
合　州
又至資州
資陽縣
又至眉州

西至本省鎮西府停止編發

北至抵邊不足四千里

以上除西北外東南俱四千里

西寧府屬軍犯編發烟瘴地方

烟瘴

雲南曲靖府

南寧縣

陸涼州

馬龍州

霑益州

貴州南籠府

普安州

安南縣

肅州屬軍犯編發附近近邊地方

附近

東至本省鞏昌府

寧遠縣

伏羌縣

南至本省平涼府

靜寧州

西至本省鎮西府停止編發

北至抵邊不足二千里

近邊

東至陝西鳳翔府

隴州

汧陽縣

鳳翔縣

南至本省慶陽府

安化縣

西至本省鎮西府停止編發

北至抵邊不足二千五百里

以上除西北外東南俱二千里

以上除西北外東南俱二千五百里

肅州屬軍犯編發邊遠極邊地方

邊遠

東至陝西西安府

渭南縣

長安縣

咸寧縣

臨潼縣

又至同州府

華州

又至鄜州

極邊

東至陝西興安州

漢陰縣

又至河南開封府

鄭州

中牟縣

祥符縣

新鄭縣

又至懷慶府

洛川縣

南至陝西漢中府

鳳　縣

西至本省廸化州停止編

發

北至抵邊不足三千里

以上除西北外東南俱

三千里

修武縣

又至衞輝府

獲嘉縣

新鄉縣

汲　縣

又至山西霍州

靈石縣

又至汾州府

介休縣

南至四川保寧府

劍　州

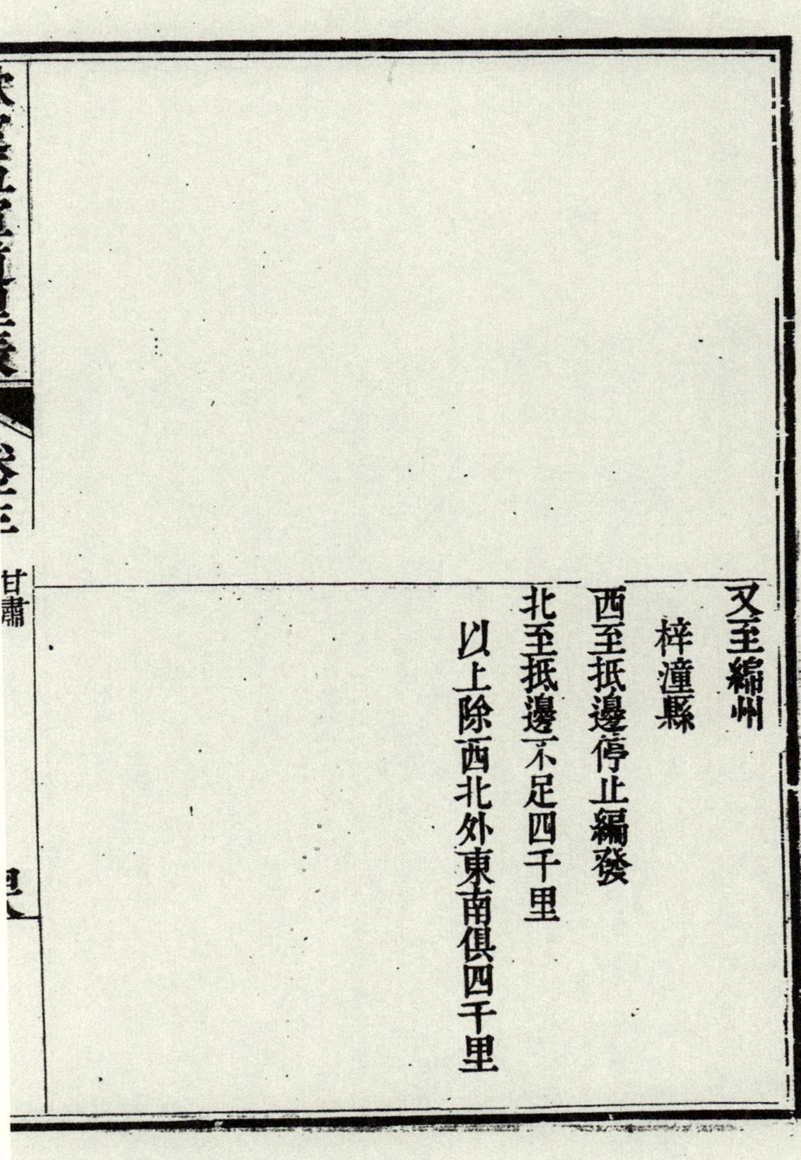

又至綿州

梓潼縣

西至抵邊停止編發

北至抵邊不足四千里

以上除西北外東南俱四千里

肅州屬軍犯編發烟瘴地方

烟瘴

貴州大定府

畢節縣

威寧州

安西州屬軍犯編發附近近邊地方

附近

東至本省蘭州府
皋蘭縣
南至本省凉州府
平番縣
西至本省鎮西府停止編
發
北至抵邊不足二千里
以上除西北外東南俱

近邊

東至本省鞏昌府
會寧縣
安定縣
南至本省鞏昌府
隴西縣
寧遠縣
西至本省廸化州停止編發
北至抵邊不足二千五百里

二千里

以上除西北外東南俱二千五

百里

安西州屬軍犯編發邊遠極邊地方

邊遠

東至本省平凉府

平凉縣

又至涇州

南至陝西鳳翔府

隴州

西至抵邊停止編發

北至抵邊不足三千里

以上除西北外東南俱

極邊

東至山西蒲州府

永濟縣

臨晉縣

猗氏縣以上三縣東南俱四千里

又至河南陝州四千里

西至閿鄉縣停止編發

靈寶縣

南至陝西漢中府

欽定五軍道里表　卷三　甘肅

三千里[illegible]

西至[illegible]

[illegible]

南至[illegible]

東至[illegible]

邊遠

南　襄城縣[illegible]

南鄭縣

西至抵邊停止編發

北至抵邊不足四千里

附互除西北外東南俱四千里

[illegible]

安西州屬軍犯編發邊遠極邊邊遠[illegible]

安西州屬軍犯編發烟瘴地方

烟瘴

貴州大定府

畢節縣

又至南籠府

安南縣

雲南曲靖府

南寧縣

霑益州

陸涼州

欽定五軍道里表　卷三

平彝縣

涇州屬軍犯編發附近近邊地方

附近

東至河南歸德府

寧陵縣

商邱縣

虞城縣

又至山東東昌府

冠縣

南至四川保寧府

蒼溪縣

近邊

東至山東濟南府

章邱縣

鄒平縣

長山縣

又至兗州府

滋陽縣

曲阜縣

泗水縣

閬中縣
又至綿州
梓潼縣
又至陝西興安州
平利縣
西至本省甘州府
張掖縣
北至抵邊不足二千里
以上除北外東南西俱
二千里

又至泰安府
泰安縣
南至安徽鳳陽府
靈璧縣
鳳陽縣
又至四川成都府
新都縣
成都縣
華陽縣
簡　州
雙流縣

新津縣

又至眉州

彭山縣

西至本省肅州

北至抵邊不足二千五百里

以上除北外東南西俱二千五百里

涇州屬軍犯編發邊遠極邊地方

邊遠

東至江蘇揚州府
儀徵縣
江都縣
甘泉縣
又至山東萊州府
昌邑縣
平度州
又至青州府

極邊

東至抵海不足四千里
南至江西瑞州府
高安縣
又至臨江府
清江縣
西至本省鎮西府停止編發
北至抵邊不足四千里
以上除東西北外南係四千里

諸城縣

南至安徽廬州府

廬江縣

又至四川敘州府

隆昌縣

又至重慶府

榮昌縣

西至本省安西州

北至抵邊不足三千里

以上除北外東南西俱

三千里

涇州屬軍犯編發烟瘴地方

烟瘴

雲南曲靖府

南寧縣

陸涼州

馬龍州

霑益州

貴州南籠府

普安州

安南縣

鎮西府屬軍犯編發附近近邊地方

附近

東至本省肅州

高臺縣

南至抵邊不足二千里

西至抵邊不足二千里

北至抵邊不足二千里

以上除南西北外東係

二千里

近邊

東至本省甘州府

山丹縣

又至凉州府

永昌縣

南至抵邊不足二千五百里

西至抵邊不足二千五百里

北至抵邊不足二千五百里

以上除南西北外東係二千五

欽定五軍道里表
卷三
百里

鎮西府屬軍犯編發邊遠極邊地方

邊遠

東至本省凉州府

古浪縣

平番縣

南至抵邊不足三千里

西至抵邊不足三千里

北至抵邊不足三千里

以上除南西北外東係

三千里

極邊

東至本省平凉府

靜寧州

隆德縣

平凉縣

南至抵邊不足四千里

西至抵邊不足四千里

北至抵邊不足四千里

以上除南西北外東係四千里

鎮西府屬軍犯編發烟瘴地方

烟瘴

貴州大定府

畢節縣

又至南籠府

安南縣

雲南曲靖府

南寧縣

霑益州

陸凉州

平彝縣

廸化州屬軍犯編發附近近邊地方

附近

東至抵邊不足二千里

南至抵邊不足二千里

西至抵邊不足二千里

北至本省安西州敦煌縣

以上除東南西外北係二千里

近邊

東至抵邊不足二千五百里

南至抵邊不足二千五百里

西至抵邊不足二千五百里

北至本省安西州

以上除東南西外北係二千五百里

廸化州屬軍犯編發邊遠極邊地方

邊遠

東至抵邊不足三千里

南至抵邊不足三千里

西至抵邊不足三千里

北至本省肅州

以上除東南西外北係

三千里

極邊

東至抵邊不足四千里

南至抵邊不足四千里

西至抵邊不足四千里

北至本省凉州府

永昌縣

武威縣

以上除東南西外北係四千里

迪化州屬軍犯編發烟瘴地方

烟瘴

貴州大定府

畢節縣

廣西南籠府

安南縣

雲南曲靖府

南寧縣

霑益州

陸涼州

平彝縣